Les grandes batailles de Napoléon

(1796-1815)

Ce volume réunit des textes parus dans *Historia spécial* numéro 43 (septembre-octobre 1996).
ISBN 2-235-02182-4

Sommaire

Annexes

Introduction

Napoléon invente la *Blitzkrieg*

par Philippe Masson

Sous le Directoire, on se moque du « général de rue », dont le seul exploit est d'avoir écrasé les royalistes parisiens en Vendémiaire. Pas pour longtemps. Les campagnes d'Italie en 1796, d'Égypte en 1798, révèlent le génie militaire du Petit Corse. Personne ne résiste à son magnétisme. Et, avec lui, l'Europe apprend à faire la guerre.

Prononcer le nom de Napoléon, c'est peut-être évoquer l'homme de la pacification, du Code civil ou du Concordat, mais, à coup sûr, le chef de guerre, un des plus grands de l'Histoire. A suivre certains érudits, Napoléon Bonaparte aurait livré davantage de batailles qu'Alexandre le Grand, Hannibal et César réunis. C'est possible et même probable. Tout aussi révélatrice est l'ampleur géographique de ses campagnes, qui couvre toute l'Europe de l'Espagne à la Russie, en passant par l'Allemagne, la boucle du Danube et l'Italie du Nord, sans oublier en Orient l'Égypte et la Syrie. L'Empereur a aussi fait son entrée dans toutes les capitales du Vieux Continent : Milan, Vienne (à deux reprises), Berlin, Madrid et Moscou. Il y a là une rupture complète avec le passé. La plupart des batailles sont encore associées à des sièges, à la manière du XVIIe-XVIIIe siècle. Une seule exception, l'avancée timide de Moreau en direction de Vienne, en 1800, au lendemain de Hohenlinden.

Un ascendant immédiat

En dépit de sa petite taille, de sa maigreur, d'une allure maladive, l'homme révèle un magnétisme peu ordinaire. Il s'impose d'emblée à des chefs tentés de le considérer comme un « général de rue » depuis la répression de l'émeute du 13 vendémiaire[1].

Dès le premier abord, Augereau est obligé de confesser : « Ce petit bougre m'a fait peur et je ne puis comprendre l'ascendant dont je me suis senti écrasé au premier coup d'œil ». Bonaparte électrise également une armée démoralisée, déguenillée, en proie à la famine. Il trouve d'emblée le ton qui caractérisa jusqu'à la fin ses ordres du jour : « Soldats ! Vous n'avez ni souliers, ni habits, ni chemises, presque pas de pain et nos magasins sont vides. Ceux de l'ennemi regorgent de tout ; c'est à vous de les conquérir. Vous le voulez, vous le prouvez, partons ! ». Dans maintes circonstances, comme au pont de Lodi en Italie, le petit général affiche un courage à toute épreuve, qu'il avait déjà démontré devant Toulon.

Bonaparte se conduit également en homme d'État. A la cour de Montebello, il reçoit toutes les têtes pensantes de l'Italie du Nord. Il les éblouit par son insatiable curiosité, sa pénétration, le caractère fulgurant de son jugement. Il remodèle la carte de l'Italie du Nord, contraint le pape à signer la paix, à céder à la France le comtat Venaissin et à la République cisalpine la Romagne avec Bologne et Ancône. En dépit de la présence de représentants du Directoire, Bonaparte dicte les conditions de la paix de Campo Formio du 17 octobre 1797. L'Empereur reconnaît à la France la frontière du Rhin et renonce à la Belgique. Il cède à la

1 Voir Chronologie (1769-1796).

République cisalpine le Milanais, la Lombardie et les duchés de Parme et de Modène. En échange, il reçoit la Vénétie et la Dalmatie. Les campagnes d'Égypte ou d'Italie du Nord en 1800 sont de la même encre.

Il exploite les conditions de l'époque

Au total, une forme de guerre profondément originale, une *Blitzkrieg* avant la lettre, constitue l'apport essentiel de Napoléon à la stratégie, c'est-à-dire à la conduite des armées en direction du champ de bataille. Trois éléments la caractérisent : l'offensive immédiate, la recherche de l'engagement et l'exploitation menée avec la dernière énergie. Cette forme de guerre ne tient nullement, comme on le constatera au début du second conflit mondial, à une mutation de l'armement. L'infanterie reste équipée du fusil modèle 1774, et l'artillerie du canon Gribeauval de 1765. La *Blitzkrieg* napoléonienne est le reflet d'un tempérament, d'une vision nouvelle de la guerre et d'une étonnante capacité de révéler les possibilités insoupçonnées de l'armement et des hommes de l'époque.

Cette capacité apparaît d'autant plus étonnante que la formation militaire de Napoléon a été extraordinairement rapide et réduite. Si l'on tient compte des congés, de l'intermède corse (1791-1793), l'expérience de Bonaparte se limite aux conditions très spéciales de la levée du siège de Toulon (1793), même s'il affiche déjà des qualités exceptionnelles de coup d'œil, de détermination et de sang-froid. Le refus d'accepter un commandement en Vendée se traduit par une demi-disgrâce et la participation au sein du Comité de salut public à l'élaboration de quelques plans d'opérations. La seconde expérience militaire est d'une nature très particulière. Elle se limite à une bataille de rue, lors de l'insurrection royaliste du 13 vendémiaire[2], où Bonaparte n'hésite pas à faire mitrailler les émeutiers.

Un chef de guerre total

A sa nomination comme commandant en chef de l'armée d'Italie, grâce à la protection de Barras, le futur dieu de la guerre n'a encore exercé aucune responsabilité sur un champ de bataille. Pourtant Napoléon enregistre très vite une série de campagnes triomphantes.

Elles ne sont jamais le résultat de l'improvisation, ni l'effet du hasard. Chaque opération fait l'objet d'une soigneuse opération. Napoléon se livre à des études minutieuses sur des cartes qu'il se procure souvent à prix d'or. On le trouve bien souvent à plat ventre sur une de ces cartes piquant des épingles assisté d'un aide de camp. Avec le concours des diplomates, il s'efforce d'établir chez l'adversaire potentiel un réseau de renseignements. Il attache la plus grande importance à ses bases arrières dont il ne veut être coupé à aucun prix. C'est une des règles d'or de sa stratégie.

Sur le plan tactique, Napoléon fait la preuve d'éclectisme. Il utilise toutes les recettes du XVIIIe siècle. Il n'y a pas de bataille proprement napoléonienne, de modèle préétabli. Toutes les grandes rencontres offrent un caractère spécifique. A la différence des autres souverains, l'Empereur est en totalité chef de guerre, agissant à la fois en stratège et en homme d'État. Tout au long des campagnes, la correspondance, encore qu'incomplète, démontre à merveille que, tout en coordonnant les opérations, il assure la direction de l'Empire dans ses moindres détails.

2 Le 5 octobre 1795.

L'ennemi se forme à son école

Cette prodigieuse aventure s'achève à Waterloo. Un tragique aboutissement à l'origine de bien des questions. L'homme a changé. S'agit-il des premiers symptômes du mal qui devait l'emporter à Sainte-Hélène ? L'explication liée au vieillissement ou à la maladie est cependant relative. D'un avis unanime, la campagne de France en 1814 apparaît comme un chef-d'œuvre de l'art militaire.

Son intransigeance, qui débouchera sur une coalition générale, doit aussi être retenue. En face, l'adversaire a lui aussi changé. Prussiens, Autrichiens, Russes, Anglais se sont mis à l'école de Napoléon. De nouveaux chefs (Blücher, Schwarzenberg, Wellington) ont fait leur apparition et ils ont mis au point des tactiques qui ont déconcerté Napoléon lui-même. A Waterloo, Wellington a su utiliser le terrain, fortifier les villages et les grandes fermes et miser sur les assauts de l'infanterie et de la cavalerie française.

Enfin, et ce n'est pas négligeable, la France ne suit plus : le ressort national trop tendu ne répond plus aux demandes de l'Empereur. Dans un pays atone, désabusé, il n'est plus question de levée en masse. On ne retrouvera pas l'élan de 1793.

Les batailles

Chronologie (1769-1796)

1769 : 15 août : naissance à Ajaccio de Napoléon Bonaparte, fils de Charles Bonaparte et de Maria Laetizia Ramolino.

1778-1785 : études en France à Autun (1778-1779), à Brienne (1779-1784) et à l'École militaire (1785).

1785-1791 : sous-lieutenant au régiment d'artillerie de La Fère.

1791-1793 : séjour en Corse. Il est chassé par les Patriotes de Pascal Paoli.

1793 : juin : retour en France ; capitaine au 4e régiment d'artillerie (Nice), puis à l'état-major de Carteaux ; **19 décembre :** prise de Toulon sur les Anglais, fait général de brigade le 22.

1795 : 5 octobre : insurrection royaliste du 13 vendémiaire, qu'il écrase sur commandement de Barras ; nommé général de division le 16, commandant de l'armée de l'Intérieur le 26.

1796 : 2 mars : nommé commandant en chef de l'armée d'Italie ; **9 mars :** mariage avec Joséphine de Beauharnais ; **29 mars :** proclamation à l'armée d'Italie à Nice : « Soldats, vous êtes nus... Je vais vous conduire dans les plus fertiles plaines du monde...» ; **12 avril :** victoire de Montenotte sur les Autrichiens ; **15 avril :** victoire de Dego sur les Autrichiens ; **21 avril :** victoire de Mondovi sur les Piémontais (armistice de Cherasco le 28) ; **10 mai :** victoire de Lodi sur les Autrichiens ; **15 mai :** entrée de Bonaparte à Milan ; **23-26 juin** : soumission du pape et invasion de la Toscane ; **3 août :** victoire de Lonato sur les Autrichiens ; **5 août :** victoire de Castiglione sur les Autrichiens ; **16 octobre :** proclamation de la Confédération militaire cispadane, alliée de Bonaparte ; **15-17 novembre :** victoire d'**ARCOLE** sur les Autrichiens.

1. Arcole 1796 : le fabuleux destin du tambour Estienne

par Régis Gombert.

15 Novembre 1796, Italie du nord. Bonaparte doit affronter les Autrichiens d'Alvinzi, qui tentent de dégager leur compatriote Wurmser, assiégé dans Mantoue. Les Français attaquent de front, mais une rivière les sépare de leurs adversaires, l'Alpone. Sur cette rivière, il n'y a qu'un pont, à Arcole. Là se déroulent du 15 au 17 novembre de violents combats. La charge de Bonaparte, magnifiée par la légende, échoue sous le feu ennemi. La victoire survient, cependant, inspirant d'autres légendes, comme celle du jeune tambour André Estienne.

Nous voici à Cadenet, gros bourg du Vaucluse, en Provence, sur les croupes méridionales de la célèbre montagne du Lubéron. Un certain 13 octobre 1777, François Estienne, cordonnier de son métier, assiste à la naissance du dernier de ses enfants, André. Le bon père ne se doute pas un seul instant que son rejeton entrera dans l'histoire de France avec force coups de baguettes sur son tambour.

Engagé à 14 ans

En 1792, alors que l'Assemblée nationale proclame « la patrie en danger » et procède à des levées en masse, les volontaires arrivent de partout, et notre jeune Cadenétien, âgé de 14 ans, n'entend pas rester sur la touche : il s'engage dans la Garde nationale comme tambour. Peu de temps après son engagement, le bataillon du Lubéron, auquel André Estienne appartient, rejoint l'armée d'Italie qui n'est plus qu'un ramassis de patriotes indisciplinés et misérables : « Ils allaient, les pieds sans souliers », écrira Victor Hugo dans *Les Châtiments*. Mais le jeune et brillant général Bonaparte réorganise cette troupe de façon exemplaire.

Le pont d'Arcole

La campagne militaire de 1796-1797 est menée selon le principe de mobilité et de rapidité qui déconcertera beaucoup l'adversaire. Les victoires se succèdent : Lodi, Castiglione... Et voici Arcole, un certain 15 novembre 1796, lors d'une bataille particulièrement acharnée. Estienne a 19 ans. Et il est, lui aussi, face à 45 000 Autrichiens, qui s'appuient sur les rebords d'une rivière marécageuse, l'Alpone. Cette même rivière gêne la route des 15 000 Français menés par le Corse et ses adjoints, les divisionnaires Augereau et Masséna.

Seul point de passage sur ces maudits marécages, un pont, un seul, celui de la petite bourgade d'Arcole. Ce modeste ouvrage est littéralement aspergé par la mitraille adverse. Qu'importe ! Il faut tenter l'impossible, il faut passer le pont. Bonaparte et Augereau s'élancent, brandissant des drapeaux, nous dit la légende. Mais ils ne passent pas.

Très rapidement, Bonaparte change de tactique : on ne passera pas par le pont, on traversera l'Alpone à la nage.

Fougueux comme à l'ordinaire, le jeune tambour, qui a passé une partie de son enfance à barboter dans les courants de la Durance, dont chacun sait les caprices tumultueux, se lance parmi les premiers vers la berge adverse, sous le feu

nourri des Autrichiens. Il porte son tambour sur la tête, il bat farouchement la charge, il hurle à tue-tête : « En avant, en avant ». Il est l'un des premiers à rejoindre la rive adverse, suivi par des groupes de soldats grisés, comme fous.
Les Autrichiens, commandés par le général Alvinzi, n'en croient pas leurs yeux. Totalement médusés par une telle audace, ils s'affolent et se replient en désordre.

Des honneurs inestimables
Cet exploit fait entrer le tambour d'Arcole dans la légende[3]. En battant la charge, il a contribué à la victoire et fait désormais partie de l'élite des armées. En 1802, âgé de 25 ans, il intègre, en qualité de tambour, la Garde consulaire qui devient, peu après, la Garde impériale, et Bonaparte lui confère les baguettes d'honneur à manches et points d'argent gravées à son nom. Qui plus est, lors de la remise de la Légion d'honneur, le 15 juillet 1804, aux Invalides, Bonaparte agrafe lui-même la médaille sur la poitrine d'André Estienne.
Honneur suprême, lors de son sacre, le 2 décembre 1804, à Notre-Dame de Paris et en présence du pape Pie VII, André Estienne est le seul tambour qui « batte aux champs » - batterie destinée à rendre les honneurs.
En 1815, à peine l'Empereur est-il dans la capitale que le tambour se rallie à lui et rejoint la Garde nationale. Son passé plus que glorieux lui vaut d'être nommé d'emblée tambour-maître. Il assumera cette fonction jusqu'à sa mort, le 29 décembre 1837, à 60 ans.

3 À l'image d'un autre héros de la bataille, Muiron, aide de camp de Bonaparte, tombé en protégeant le général de son corps pendant la fameuse charge sur le pont.

Chronologie (1797-1800)

1797 : 9 janvier proclamation de la République cispadane, république sœur de la France ; **14 janvier :** victoire de Rivoli sur les Autrichiens ; **2 février :** capitulation des Autrichiens à Mantoue ; **16 mars** : passage du Tagliamento, menaces sur l'Autriche : **18 avril :** préliminaires de paix de Leoben avec l'Autriche ; **12 mai :** occupation de Venise ; **4 septembre :** soutien au coup d'État de Barras le 17 fructidor.
1798 : 19 mai : départ de Toulon pour l'expédition d'Égypte ; **1er juillet :** débarquement à Alexandrie ; **21 juillet :** victoire des Pyramides sur les Mamelouks d'Égypte ; **1er août :** défaite navale d'Aboukir par les Britanniques ; **22 octobre :** révolte du Caire contre les Français.
1799 : 25 février : prise de Gaza ; **4-7 mars :** siège de Jaffa ; **16 avril :** victoire du Mont Thabor sur les Turcs de Syrie et les Britanniques ; **20 mai :** levée du siège de Saint-Jean d'Acre ; **25 juillet :** victoire d'Aboukir sur les Mamelouks d'Égypte ; **22 août :** départ d'Égypte ; **9 octobre :** retour en France, à Fréjus : **9-10 novembre : coup d'État de Brumaire, fin du Directoire ;** 12 décembre : Bonaparte, Sieyès et Ducos nommés consuls ; **22 décembre :** création du Conseil d'État
1800 : 12 février : traité de Beauregard avec les Chouans de Bretagne ; **13 février :** création de la Banque de France ; **5 mars :** entrevue et rupture avec le Chouan Cadoudal ; **6 mai :** départ pour la 2e campagne d'Italie ; **20-22 mai :** passage du Grand Saint-Bernard : **2 juin :** entrée à Milan ; **9 juin :** victoire de Montebello sur les Autrichiens ; **14 juin** : victoire de **MARENGO** sur les Autrichiens.

2. Marengo 1800 : Desaix sauve Bonaparte,

par Yves Amiot.

1800 : la guerre reprend contre les Autrichiens, particulièrement en Italie du Nord contre les Autrichiens. L'empereur d'Autriche ayant refusé les ouvertures de paix, le Premier consul décide de franchir les Alpes pour couper l'ennemi de ses arrières. La bataille s'engage mal pour Bonaparte dans la plaine de Marengo. Mais alors que tout semble perdu, Desaix intervient, Kellerman charge, et la victoire change de camp.

Marengo (Italie, Piémont, près d'Alexandrie) :
Début : samedi 14 juin 1800 vers 7 heures. Fin : Le même jour, vers 20 heures
Forces françaises : Napoléon (Victor, Lannes), 22 000 hommes + division Boudet (Desaix), 6 000 hommes. Forces autrichiennes : Melas (O'Reilly, Ott) 40 000 hommes.
Pertes françaises : 6 000 hommes. Pertes autrichiennes : 9 000 hommes.

Lorsqu'il avait pris le pouvoir le 18 brumaire[4], Bonaparte avait trouvé la France en piteux état, assiégée de surcroît par les armées autrichiennes qui menaçaient l'Alsace et la Provence. Seul lui demeurait de ses ultimes campagnes le contrôle de la Suisse et de la région de Gênes. Le premier objectif du jeune général était donc de desser-

4 9 novembre 1799.

rer l'étreinte, d'affronter et de battre les Autrichiens puis de faire la paix avec Vienne, paix qui en outre ne pourrait qu'affermir et même légitimer le régime qu'il venait d'établir. Toutefois, les opérations ne pouvant s'engager avant le printemps, force était de patienter jusque-là, délai fort utile du reste car il pourrait permettre au Premier consul de préparer son plan de campagne et de rendre les armées françaises, fort démunies, capables de l'exécuter.

Un plan d'enclerclement audacieux

Ce plan est d'ailleurs rapidement dressé, dans ses grandes lignes tout au moins, en prenant précisément pour base la présence de forces françaises en Suisse et en Italie. Dans la région de Gênes, Masséna fixera l'armée autrichienne de Melas. Dans le même temps, une autre armée française, descendue de Suisse par le col du Grand Saint-Bernard, la prendra à revers, coupant ses communications avec l'Autriche et la contraignant à capituler. Au préalable – et pour faire diversion – l'armée du Rhin, commandée par Moreau, rival de gloire de Bonaparte, traversera ce fleuve à Bâle et occupera le Haut Danube. Ce mouvement aura un double effet : retenir les forces autrichiennes d'Allemagne, et également saisir le col du Saint-Gothard, par où un corps français viendra renforcer les troupes débouchées du Grand Saint-Bernard.

Pour réussir, le plan demande une préparation attentive et une exécution rapide. Une armée est réunie, le plus discrètement possible d'abord, entre Dijon et Lyon ce qui laisse à penser qu'elle s'orientera vers le Rhin. Puis, pour en dissimuler l'importance, on la baptise « armée de réserve », tout en donnant à croire qu'elle est composée de bric et de broc, alors qu'elle réunit des troupes de qualité, y compris la Garde consulaire. La ruse réussit parfaitement. Reste à franchir les Alpes à vive allure, « le clou » de l'opération étant la traversée du Grand Saint-Bernard, réputée impossible pour une armée.

Masséna tiendra-t-il ?

Le 28 avril 1800, alors que, comme prévu, Melas attaque Masséna, Moreau traverse le Rhin. Rapidement, il refoule les Autrichiens en Bavière et s'assure le col du Saint-Gothard. Tout se déroule donc conformément au plan, lorsqu'on apprend à Paris qu'en Italie la situation se dégrade brusquement. Battu, Masséna est assiégé dans Gênes avec 20 000 Français.

Le 14 mai, « l'armée de réserve » aborde le Saint-Bernard, avec 40 000 hommes et 100 canons. L'affaire demande plusieurs jours, mais elle « crée la surprise ». Lorsque Lannes, à la tête de l'avant-garde, débouche à Aoste le 25, il dissipe sans effort les avant-postes autrichiens, stupéfaits. Dès lors, la campagne n'est-elle pas gagnée, « l'exécution » de Melas devenant une simple formalité ? Bonaparte, pour sa part, le laisse déjà entendre dans ses bulletins, répandus dans la France entière.

Pourtant, dès ce moment, les déconvenues ne vont cesser de s'accumuler. La première vient de la résistance inattendue et obstinée du fort de Bard, une « bicoque » tenue par une poignée de Croates, mais qui verrouille l'ultime défilé conduisant à la plaine du Pô. Bonaparte parvient néanmoins à faire passer ses troupes par des sentiers de montagne, mais l'essentiel de son artillerie demeure bloquée. Elle lui fera cruellement défaut par la suite. Sans doute, s'il en avait fait le siège, la prise du fort n'eût-elle exigé que

quelques jours. Mais, précisément, le temps manque car Masséna, affamé dans Gênes, risque à tout moment de devoir capituler. Aussi bien Bonaparte marche-t-il en toute hâte vers le Pô, que Lannes atteint le 26 mai à Chivaso.
Le 2 juin, le Premier consul fait une entrée triomphale dans Milan. Il compte y recevoir les troupes françaises détachées par Moreau via le Saint-Gothard. Mais, deuxième déconvenue, il ne reçoit pas le tiers des effectifs. Cependant, depuis Milan où il demeure jusqu'au 9 juin, il dirige l'occupation de la rive nord du Pô jusqu'à hauteur de Crémone et Mantoue où s'étaient repliées les garnisons autrichiennes de Lombardie. Désormais, Melas, coupé de Vienne, semble condamné.
Hélas, troisième déconvenue, et de toutes la plus grave, le 8 juin, le Premier consul apprenait que Masséna avait capitulé. Melas allait, dès lors, s'empresser de remonter vers le nord, toutes forces réunies, et s'ouvrir un passage sur le ventre de l'armée de réserve, désormais réduite à ses seules forces.

Quand la politique règle la stratégie

Devant une telle situation, la prudence voudrait que Bonaparte adopte une attitude défensive au nord du Pô et laisse filer Melas au sud du fleuve, vers Mantoue et l'Autriche, car le maréchal autrichien n'en demande pas davantage. De la sorte l'Italie occidentale se trouverait libérée, tandis que Bonaparte, après avoir reçu son artillerie et des renforts, pourrait, dans un deuxième temps, rouvrir les hostilités dans de meilleures conditions. Mais, pour des raisons essentiellement politiques, le Premier consul décide de passer outre.
En effet, refuser la bataille, ce serait admettre l'échec de son plan, de cette traversée des Alpes déjà devenue légen-

daire, qui serait alors considérée comme une opération tapageuse, coûteuse et malencontreuse. Dès lors, Bonaparte ne peut que rechercher la bataille et remporter la victoire, attendu qu'elle seule assurerait aux yeux de tous son autorité en renforçant son prestige.

Il entend donc bloquer la retraite de Melas et le contraindre à une bataille rangée. Pour ce faire, sur la rive sud du Pô, une position géographique excellente s'offre à lui : la Stradella[5], bien nommée puisqu'elle forme, entre le grand fleuve et l'Apennin, un passage aisé à défendre et que Melas ne peut qu'emprunter, puisque s'y faufile la seule route conduisant à Mantoue, où il serait recueilli par la garnison autrichienne.

Une avance imprudente

Le 6 juin, Lannes, franchissant le Pô, a occupé la passe, suivi du gros de l'armée française. Devant lui, la plaine va s'élargissant de chaque côté de la route, une voie stratégique qui, venant de Mantoue, rejoint Alexandrie par Tortone et Voghera. La plaine est déserte : nul Autrichien ne s'y manifeste.

Bonaparte inquiet, au lieu de demeurer sur place, pousse Lannes vers Voghera. Le 9 juin, celui-ci rencontre enfin un corps autrichien à Montebello et, à l'issue d'un dur combat, parvient à le refouler. Combat du reste lourd d'enseignements : les Autrichiens se sont fort bien battus, et ils ont utilisé une artillerie considérable, alors que le Premier consul n'a pas vingt canons.

Loin d'en tenir compte, Bonaparte, encouragé par ce premier succès, n'en pousse que davantage ses troupes en

5 « Ruelle » en italien.

avant, contre toute prudence, contre tout bon sens. Descendre en plaine, sans artillerie, avec de faibles effectifs, constitue en effet une faute évidente, alors que l'armée de Melas, plus nombreuse et mieux équipée, est, de surcroît, exaltée par sa victoire de Gênes. Mais le Maître veut sa bataille et ne doute pas de la gagner, à un contre deux s'il le faut, contre ces Autrichiens qu'il méprise tant.

Les Français atteignent Marengo

Poursuivant son avance, ayant dépassé Voghera puis Tortone, l'armée française débouche le 13 juin dans une plaine magnifique, dominée par le village de Marengo, et s'étendant à l'ouest d'Alexandrie dont elle n'est séparée que par un affluent du Pô, la Bormida. Alexandrie, où l'armée autrichienne apparaît tout entière concentrée. Le Premier consul se trouve ainsi exposé aux forces réunies de son adversaire. Pourtant, toujours tenaillé par la crainte de le voir se dérober, il n'hésite pas à disperser ses forces, déjà trop peu nombreuses, en détachant la division La Poype au nord et la division Desaix – Desaix, son ami le plus cher, à peine revenu d'Égypte – vers le sud. Pour affronter Melas, il lui reste moins de 25 000 hommes, pratiquement dépourvus d'artillerie, qui vont affronter 40 000 Autrichiens appuyés par plus de 200 canons !

Le 14 juin, lorsque l'aube se révèle, l'armée française a établi ses forces sur trois lignes. Marengo est flanqué, sur sa droite, par le village de Castel Celerio et, sur sa gauche, par celui de Spinetta. Là, Victor a disposé ses deux divisions (Gardanne et Chambarlhac) de part et d'autre, verrouillant la route de Tortone et Mantoue. Derrière Marengo, à quelques kilomètres sur la grande route, se trouve le village de San Giuliano, devant lequel Lannes a établi sa réserve, soit la division Watrin, une brigade d'infanterie et deux de cavalerie. Bonaparte, lui, s'est placé bien plus en arrière, à Torre dei Garofoli, avec la division Monnier et la Garde consulaire. C'est ce dispositif qu'entend affronter Melas pour se rendre maître de la route, qui doit lui permettre de franchir la Stradella et de gagner Mantoue.

7 heures : la bataille commence

Vers 7 heures, d'impressionnantes colonnes autrichiennes apparaissent dans les lointains, face aux défenseurs de Marengo. Elles sont articulées en trois groupements : au sud, la division O'Reilly qui marche vers Spinetta puis, faisant un « à-gauche », doit attaquer Marengo de flanc, au nord ; le corps Ott qui doit se saisir de Castel Celerio, puis se rabattre derrière Marengo pour prendre les Français à revers. Enfin, au centre, le corps Melas (divisions Elsnitz, Haddick et Kaïm), environ 20 000 hommes, doit bouter les Français hors du village.

Les colonnes traversent lentement la Bormida sur d'étroites passerelles, mais sans coup férir car les troupes françaises sont resserrées sur Marengo même, derrière un ruisseau boueux qui coule au pied du village, le Fantanone. Le premier, O'Reilly arrive au contact de la gauche française, avec laquelle il entretient une fusillade nourrie en attendant que le centre autrichien aborde Marengo.

Mais celui-ci a fort à faire car le passage du Fantanone se révèle difficile : les colonnes d'assaut autrichiennes pataugent sous le feu précis des Français. Haddick est tué et, brusquement, ses hommes se débandent. Melas, présent, relance l'attaque, mettant cette fois en place une artillerie considérable que les Français ne peuvent contrebattre et qui ouvre un feu terrible sur Marengo, décimant ses défenseurs. Sans doute Lannes s'est-il porté en avant, avec la division Watrin, pour soutenir Victor, mais il se trouve attaqué à son tour car, au nord, le corps Ott s'est rendu maître de Castel Ceriolo et se rabat sur son flanc. C'est toute l'armée française qui est menacée d'être encerclée puisque, au sud, O'Reilly avance également.

La mort dans l'âme, Lannes ordonne la retraite. Ayant perdu le tiers de leurs effectifs, les divisions françaises se replient en bon ordre vers San Giuliano en s'accrochant au terrain. La plaine de Marengo est en effet parcourue de multiples ruisseaux et chemins, coupée de rangées d'arbres et de haies, parsemée de constructions diverses qui sont autant de points d'appui pour les Français, soutenus par la cavalerie de Kellermann.

10 heures : Napoléon arrive

À 10 heures, heureusement, Bonaparte arrive avec la division Monnier et la Garde consulaire. Dès l'annonce de la bataille, il s'était porté en avant, en même temps qu'il avait lancé des estafettes aux trousses de Desaix et de La Poype, avec l'ordre de rejoindre en toute hâte Marengo.

En attendant leur retour, il va lui falloir gagner du temps, sans artillerie, à un contre deux. Ayant accumulé les imprudences depuis cinq jours, Bonaparte se trouve dans la pire situation possible : il ne peut plus compter que sur son énergie, son sens tactique et surtout son extraordinaire prestige sur ses hommes pour éviter, à la force du poignet, une défaite sans appel.

D'ailleurs, sa venue seule crée déjà un choc psychologique. Il fait mettre sa garde en ligne… et les beaux grenadiers à cheval arrivent au galop et chargent de suite. L'action de la Garde consulaire permet d'enrayer la retraite ; son infanterie, formée en carré, « comme une redoute de granit », écrira Bonaparte, brise les assauts autrichiens et permet aux divisions de Lannes de se reformer.

Il est 11 heures du matin, la première crise est conjurée. Bonaparte n'entend pas en rester là car l'armée française est « en l'air », étalée dans la plaine. Il lui faut reconquérir Castel Ceriolo car, de là, elle pourra à son tour prendre de flanc les Autrichiens, échelonnés sur la grande route, et les empêcher de progresser davantage. Le Premier consul lance donc la division Monnier, sa dernière réserve, en avant. Elle bouscule tout sur son passage et reconquiert le village. Lannes s'avance alors à son tour vers Marengo. L'avantage va-t-il revenir pour de bon aux Français ?

Non, car, une fois de plus, l'artillerie autrichienne rétablit le combat. Il est entre midi et une heure ; sous les tirs des canons de Melas, les divisions de Lannes reculent, une fois encore, sur San Giuliano. Les Autrichiens repartent à l'assaut et la mêlée devient terrible. Monnier, épuisé, est chassé de Castel Ceriolo. De nouveau, le front français entier ploie et recule. Desaix n'arrive toujours pas, et voici que Lannes accentue sa retraite, voilà qu'il fait sauter ses caissons, voilà surtout que la Garde consulaire recule à son tour ! Bonaparte remonte à cheval et galope tout au long du front, hurlant à ses hommes : « Du courage, soldats ! Les réserves arrivent. Tenez ferme ! »

15 heures : Desaix crée « le miracle »

Et le miracle va se produire, le miracle se produit. Il est 15 heures quand, au sud de San Giuliano, brillent soudain au

soleil des milliers de baïonnettes. Desaix arrive avec sa division intacte, 5 000 fantassins, une artillerie divisionnaire, un régiment de grosse cavalerie avec lesquels Bonaparte peut reprendre l'initiative. D'ailleurs, la nouvelle parcourt les rangs français et chacun se ressaisit.
La retraite s'arrête et ce d'autant plus que les Autrichiens relâchent leurs efforts. Ils n'ont pas vu arriver la division Desaix, protégée par les haies de San Giuliano. Ils se croient victorieux au point que Melas vient de regagner Alexandrie, laissant à son adjoint, Zach, le soin de poursuivre les Français ; et celui-ci dispose ses grenadiers en colonne sur la grande route pour ce faire.
Bonaparte de son côté regroupe ses divisions. Desaix, au centre, va foncer sur Zach et reprendre Marengo ; sur sa droite, Lannes, abordera San Giuliano ; sur sa gauche, Victor, avec les débris des divisions Gardanne et Chambarlhac, soutiendra Desaix.
A 17 heures, l'attaque française se déchaîne, terrible, mais dans un premier temps, Zach tient tête. Desaix est tué d'une balle en plein cœur. Alors, Kellermann s'élance avec sa cavalerie et rompt le front autrichien, débordé sur sa gauche par Lannes. Zach est fait prisonnier et ses hommes se débandent. D'un seul élan, Castel Ceriolo et Marengo sont reconquis. Partout la panique gagne les troupes autrichiennes, sabrées par la cavalerie française. La victoire est complète, décisive, une « victoire à l'arraché » où les Autrichiens laissent 9 000 hommes, dont 2500 tués et 7 000 prisonniers. Mais 6 000 Français, tués ou blessés, jonchent de leurs corps le champ de bataille.

Le 15 juin au matin, un parlementaire autrichien propose une suspension d'armes et le même jour une convention est signée. L'armée autrichienne abandonne le Piémont, la Lombardie, Gênes et les Légations, mais peut regagner Mantoue avec armes et bagages. Les Français, au fond, n'obtiennent guère plus que s'ils avaient laisser filer Melas sans combat, et l'importance stratégique de Marengo s'avère des plus réduites.

Il en va de même, d'ailleurs, de son intérêt tactique. A cet égard, en effet, Marengo fait assez piètre figure dans la galerie des batailles napoléoniennes. C'est un affrontement décidé, engagé et conduit, sauf dans sa phase ultime, par les Autrichiens, avec du reste beaucoup d'âpreté et un savoir-faire indiscutable. Toute la journée durant, l'armée française n'a fait que parer les coups, son unique mouvement offensif sur Castel Ceriolo n'ayant connu qu'un succès très momentané.

La contre-attaque finale constitue une attaque frontale, sans originalité particulière, qui exploite l'arrivée de réserves fraîches et bénéficie de la « détente » d'Autrichiens qui croient leur succès assuré. C'est donc chez les Français la victoire de l'obstination, et non point celle du génie.

C'est du reste pourquoi Bonaparte s'est employé par la suite à maquiller les récits de la bataille, avec une lourdeur telle qu'elle n'a échappé à aucun historien... Toutefois – et c'était l'essentiel pour le Premier consul – l'importance politique de Marengo était considérable. Par elle, il allait renouer avec la victoire, et c'est en vainqueur qu'il allait revenir à Paris, affirmant dès lors une autorité que nul n'osera plus lui contester.

La partie était donc gagnée mais bien cher payée. Bonaparte y avait perdu, outre des unités d'élite, l'homme qu'il aimait et estimait le plus au monde, le véritable ami et confident qui lui fera défaut tout au long de l'Empire : Desaix. Mais la terrible angoisse qui l'avait étreint, des heures durant, allait aussi le marquer pour toujours. Vingt ans plus tard, à Sainte-Hélène, alors qu'il était à l'agonie, les compagnons de l'Empereur l'entendirent soudain murmurer : « Desaix ! Desaix ! Ah ! La victoire se décide ! ». « Fallait-il que cette heure eût marqué sa vie », écrira Louis Madelin...

Le passage du Grand Saint-Bernard

Afin de dégager Masséna, encerclé dans Gênes par le maréchal Melas et coupé de Suchet chargé de résister sur le Var, Bonaparte, sur l'avis du général Marescot chargé d'une reconnaissance des Alpes, décide de franchir le Saint-Bernard. Par ce col, le Premier consul peut prendre le Piémont à revers. Mais le col culmine à 2 472 mètres et Bonaparte entraîne 40 000 hommes. La difficulté provient de la route allant de Saint-Pierre à Saint-Rémy, 40 km exposés aux avalanches, tortueux, étroits, glissants (la plus grande partie était enneigée) et bordés de précipices. L'idée est de fabriquer des traîneaux à roulettes pour les canons. En raison de la neige ils sont remplacés par des sapins creusés afin de servir d'étuis aux pièces.

Les soldats sont accueillis à l'hospice par les religieux qui donnent un seau de vin, un quarteau de fromage, et une livre de pain pour 12 hommes. Bonaparte lui-même passe le col juché sur un mulet traîné par un paysan ; on est loin du cheval hennissant peint par David.

Chronologie (1800-1805)

1800 : 15 juin : trêve d'Alexandrie avec les Autrichiens ; **3 décembre :** victoire de Moreau à Hohenlinden sur les Autrichiens ; **24 décembre :** attentat de la rue Sainte-Nicaise contre Bonaparte ; **25 décembre :** armistice de Steyr avec l'Autriche.

1801 : 9 février : paix de Lunéville avec l'Autriche ; **1er avril :** bombardement de Copenhague par Nelson ; **16 juillet :** Concordat avec le pape ; **31 août :** reddition des troupes d'Égypte.

1802 : 25 janvier : la République cisalpine devient République italienne, sous la présidence de Bonaparte ; **25 mars :** paix d'Amiens entre la France et l'Angleterre ; **2 août :** Bonaparte est consul à vie.

1803 : 20 mai : reprise de la guerre avec l'Angleterre ; **Juin-juillet :** début de la formation du camp de Boulogne, qui réunit les forces d'invasion de l'Angleterre.

1804 : 21 mars : exécution du duc d'Enghien à Vincennes ; promulgation du Code civil ; **18 mai :** sénatus-consulte proclamant Napoléon empereur des Français ; **25 juin :** exécution du chef chouan Cadoudal ; **2 décembre :** Napoléon sacré empereur à Notre-Dame.

1805 : 11 avril-3 août : troisième coalition contre Napoléon (Grande-Bretagne, Russie, Autriche, Naples et Suède) ; **26 mai :** Napoléon couronné roi d'Italie à Milan ; **27 août :** la Grande Armée quitte les côtes de la Manche pour gagner l'Europe centrale ; **26 septembre :** Napoléon passe le Rhin ; **14 octobre :** victoire d'Elchingen sur les Autrichiens.

20 octobre : capitulation du général Mack à Ulm ; **21 octobre :** défaite de **TRAFALGAR**. Villeneuve battu par Nelson ; **12 novembre :** entrée des Français à Vienne ; **2 décembre** : victoire d'**AUSTERLITZ** sur les Autrichiens et les Russes.

3. Trafalgar 1805 : Napoléon perd sa marine

par Madeleine du Châtenet.

Napoléon a l'ambition d'une grande flotte, d'abord dans le but d'envahir l'Angleterre. Il a les navires, bien qu'en nombre insuffisant, mais pas les hommes, surtout face à la redoutable *Royal Navy*. Le 21 octobre, après quatre heures de combats, les flottes française et espagnole doivent s'incliner devant les vaisseaux de Nelson. Si les pertes ne sont pas irrémédiables, La maîtrise des mers appartient désormais, et pour cent cinquante ans, aux Anglais. L'Empire, à terme, ne s'en remettra pas.

Trafalgar (Atlantique, au nord du détroit de Gibraltar)

21 octobre 1805

Forces françaises : Villeneuve, 18 vaisseaux. Forces espagnoles : Gravina, 15 vaisseaux. Forces anglaises : Nelson, 26 vaisseaux. Pertes franco-espagnoles : 17 navires et 4 500 hommes. Pertes anglaises : 500 hommes

L'une des grandes obsessions de Napoléon : envahir la Grande-Bretagne. Massés sur les côtes du Pas-de-Calais, près de 120 000 hommes et 9 000 chevaux doivent traverser en quelques heures les 35 km du canal de la Manche à bord des 2 400 bâtiments de la flottille du Nord. Napoléon estime qu'il faudra 6 heures pour que les troupes de la Grande Armée débarquent sur l'île. Mais les marins pronostiquent 6 jours.

Le véritable obstacle à cette expédition n'est autre que la marine anglaise, maîtresse des mers. Impossible de déjouer la surveillance des escadres britanniques de Keith, Cornwallis, Calder, Orde et Nelson, qui forment un blocus infranchissable. Des ports du Texel en Hollande à ceux de Brest, Rochefort, jusqu'à La Corogne, Cadix, Carthagène et Toulon, du Danemark à l'Adriatique, il n'y a pas un navire hollandais, français ou espagnol qui puisse sortir en mer sans être pris sous le feu de la mitraille anglaise.

Une alliance médiocre, un amiral pessimiste

La flotte française ne peut rivaliser à elle seule avec la *Royal Navy*, presque trois fois plus forte. Le 4 janvier 1805, une convention secrète est signée entre Denis Decrès, ministre de la Marine de Napoléon, et l'amiral-duc de Gravina au nom de Charles IV d'Espagne : 25 vaisseaux espagnols s'ajoutent à la cinquantaine de vaisseaux français en vue d'un affrontement commun contre les escadres britanniques. Une alliance conclue en dépit des échecs précédents lors de la guerre d'Indépendance américaine et des réticences de Decrès, inquiet de cette coopération ! Mais l'Espagne vient de déclarer la guerre au Royaume-Uni.

Au début de 1805, le vice-amiral de Villeneuve est nommé au commandement de l'escadre de la Méditerranée, en remplacement de l'amiral de Latouche-Tréville, décédé à Toulon. Pour le ministre Decrès, Villeneuve semble alors le seul officier susceptible d'assumer cette responsabilité.

Celui-ci a une vision pessimiste, mais réaliste, de l'état médiocre de la marine impériale. Il sollicitera par deux fois son remplacement. Decrès maintiendra malgré lui à ce poste ce compagnon d'Aboukir, qui s'est échappé des griffes de Nelson. Napoléon ratifie cette nomination ; il n'a pas le choix.

21 août : Villeneuve pris dans Cadix

Pour l'heure, la mission confiée à Villeneuve consiste à opérer une grande manœuvre de diversion aux Antilles, en jonction avec l'escadre de Brest et les forces alliées de Cadix, afin de désorganiser le dispositif britannique. Mais l'amiral Ganteaume (21 vaisseaux, dont 6 seulement armés à effectif complet) ne parviendra pas à sortir de Brest.

Nelson, un amiral à panache

Bien avant de connaître la gloire à l'écran avec le film de Christian-Jaque, *Les Amours de Lady Hamilton* (avec John Mils dans le rôle de l'amiral), Nelson recueillit les honneurs de l'Europe en 1799 en détruisant l'escadre française de la Méditerranée à Aboukir. En 1801, commandant l'*Elephant*, il s'illustre à nouveau en forçant les défenses du port de Copenhague et en menaçant Saint-Pétersbourg. A Revel, il est accueilli par l'amiral Tchitchakov, émissaire d'Alexandre Ier, qui signe à bord de son vaisseau les préliminaires de paix entre l'Angleterre et la Russie. Comme Napoléon, ce petit homme est un symbole de volonté. En 1794, en Corse, l'éclat d'un boulet français le rend borgne de l'œil gauche. A l'attaque de Santa Cruz de Ténériffe, un boulet espagnol lui fracasse l'épaule, et il perd son bras droit. Tel est ce manchot-borgne dont l'audacieuse manœuvre mène à la victoire l'escadre anglaise au large de Trafalgar. Ayant le goût du panache, Nelson aime les uniformes « surgalonnés » et l'éclat des décorations, qui le désignent sur le pont du *Victory* à un tireur d'élite français. Il meurt à 47 ans et l'Angleterre lui fait des obsèques grandioses. Il repose dans l'abbaye de Westminster.

L'escadre de l'amiral Cornwallis (20 vaisseaux) l'en empêche. Seule la flotte combinée franco-espagnole (14 vaisseaux français, 6 espagnols) se dirige en avril vers les Antilles poursuivie seulement par l'escadre du vice-amiral Nelson qui va la traquer en vain à travers les Caraïbes « dans un incroyable jeu de colin-maillard » (René Maire).
De retour en Europe, Villeneuve reçoit l'ordre de dégager Brest avec la flotte alliée, afin que l'amiral Ganteaume (20 vaisseaux) puisse entrer dans la Manche et protéger le débarquement de la Grande Armée sur les côtes anglaises. Or, brusquement, Villeneuve interrompt sa marche vers le nord, fait volte-face et met le cap au sud, tournant le dos au théâtre d'opération où Napoléon attend vainement. Pourquoi une telle décision ? Un bâtiment danois a fait croire à l'amiral français qu'une escadre de 25 vaisseaux anglais lui barrait la route de Brest. Villeneuve longe les côtes espagnoles et entre à Cadix le 21 août.

18 septembre : la colère de l'Empereur

Privé de son escadre, Napoléon abandonne son plan d'invasion. Il pique une colère digne de Jupiter et adresse les plus vifs reproches à Villeneuve « pour la lenteur de ses mouvements comparables à ceux d'une flotte marchande ». Il démobilise la flottille de Boulogne et, fin août, descend vers le Rhin avec la Grande Armée. Il prend le chemin qui va le conduire vers Ulm et Austerlitz.
Le 18 septembre, l'Empereur décide de remplacer Villeneuve par le vice-amiral de Rosily, un marin qui n'a pas navigué depuis plus de quinze ans. Mais, le 14, précédant cette décision, Napoléon avait adressé à Villeneuve cet ordres : « Quittez Cadix d'urgence, gagnez Carthagène,

débarquez à Naples les troupes qui sont sur votre escadre, attaquez toutes forces inférieures ou égales, ayez de l'audace et la plus grande activité ». Comment exécuter cet ordre sans bousculer les Anglais postés devant Cadix ?
Le temps passé à rééquiper à grand-peine les vaisseaux français, dans les arsenaux presque vides de Cadix, donne l'opportunité aux Britanniques de renforcer le blocus du port. Aux vaisseaux de Calder s'ajoutent ceux de Collingwood, et, le matin du 28 septembre, arrivent trois nouveaux vaisseaux conduits par Horatio Nelson !

Une situation désespérée

Le port est verrouillé et Villeneuve n'a tenté aucune action pour empêcher la jonction des divers renforts britanniques ! Villeneuve est lucide : le rapport des forces n'est pas en sa faveur. Ses vaisseaux sont pour la plupart anciens, et les vaisseaux récents, c'est le cas du *Scipion,* ont des vices de construction. Côté espagnol, plusieurs navires n'ont pas navigué depuis des années et sont pourvus d'équipages de fortune. De plus, une partie des bâtiments espagnols n'a encore jamais manœuvré au combat avec les Français.
Face à ce triste constat, les vaisseaux britanniques sont bien équipés et bien entraînés. Ils sont armés avec les fameuses caronades, les *smashers,* dont Villeneuve n'a pas oublié les ravages lors du combat de la Chesapeake en 1781.
A bord du *Bucentaure,* un conseil de guerre réunit officiers français et espagnols qui déclarent à l'unanimité « les vaisseaux des deux nations ne sont pas en l'état actuel capables de rendre les services militaires ». Villeneuve a déjà déclaré à Decrès que « la flotte combinée n'offre aucune cohésion » !

21 octobre : Villeneuve sort prouver sa bravoure

Villeneuve est donc pessimiste, mais les reproches de l'Empereur vont piquer son orgueil. Pour se laver des accusations de « lâcheté » et de « trahison », il se dit prêt à un combat qui s'annonce très difficile. Prévenu par Decrès, il a connaissance de l'arrivée imminente de Rosily qui vient le remplacer mais qui est retardé par un accident à Madrid. Tout en déclarant qu'il serait ravi de laisser la première place à son successeur, Villeneuve ne veut pas abandonner l'occasion de se racheter. Il va prouver qu'il ne « sera pas trop lâche pour sortir de Cadix » comme l'avait affirmé Napoléon.

Trente-trois vaisseaux (18 français et 15 espagnols) forment la flotte combinée qui sort de la rade le matin du 21 octobre et prend position à une vingtaine de milles au nord-ouest du cap Trafalgar. Les flottes vont s'affronter selon deux tactiques de combat bien différentes. Villeneuve va combattre selon la méthode du XVIIIe siècle – la seule que connaissent les Espagnols –, sur une ligne de file parallèle à la ligne supposée des ennemis. Villeneuve ignore-t-il le plan que Nelson a préparé ? En effet, un mémorandum rédigé par le vice-amiral anglais préconise la scission de la flotte britannique en deux colonnes.

Le 21 au point du jour, les vaisseaux anglais avancent sur deux colonnes : celle du nord (12 vaisseaux – est commandée par Nelson à bord du *Victory*. Ce trois-ponts de 120 canons, fonce vers le centre de la ligne des navires alliés pour la couper en deux, avec pour cible le *Bucentaure* de 80 canons. Le *Bucentaure* forme « une forteresse centrale » avec la *Santissima-Trinidad* de l'amiral de Cisneros, quatre-ponts de 136 canons, le plus gros vaisseau du monde, né en 1769 dans les chantiers de La Havane. Parallèlement, la colonne du sud, soit 15 bâtiments britanniques commandée par Collingwood sur le *Royal Sovereign,* autre trois-ponts de 100 canons, s'élance vers la *Santa-Anna,* trois-ponts espagnol de 110 canons. Commandant l'escadre d'observation, en position sud de la flotte alliée, l'amiral de Gravina est sur le vaisseau-amiral, le *Principe de Asturias*.

11 h 45 : Nelson brise la ligne alliée

Dans un style nouveau, baptisé le *Nelson Touch*, Nelson attaque la ligne des navires alliés, qui s'étire sur plus de 6 km. A 11 h 45, c'est le début de la mêlée. Le *Redoutable* arrive à la rescousse du *Bucentaure* pris sous les feux du *Victory,* puis se jette bord à bord contre le trois-ponts britannique. Combat épique qui dure trois heures.

Finalement, le commandant du *Bucentaure,* le capitaine Lucas, donne l'ordre d'abordage à ses marins, qui forment le meilleur équipage de toute la flotte alliée, tandis que le *Temerarious,* arrivant à son tour au secours du *Victory,* ravage le pont du *Redoutable* de sa mitraille. C'est un horrible carnage au milieu des bordées meurtrières, auxquelles s'ajoutent celles de la *Santissima-Trinidad* tentant de secourir *le Bucentaure.*

Après quatre heures d'affrontements, la victoire des Anglais se dessine mais les combats continuent. Villeneuve, le cœur meurtri, voit le commandant Magendie amener le pavillon du vaisseau-amiral vers 14 h 30. Une heure après, c'est le tour du contre-amiral Balthasar de Cisneros : la *Santissima-Trinidad* se rend, démâtée. La *Santa-Anna* tombe aux mains des Anglais dans le même état de délabrement !

La tempête coule le reste de la flotte

Au soir de la bataille, une violente tempête engloutit plusieurs vaisseaux avec ce qui reste d'équipage. C'est ainsi que *le Bucentaure* se fracasse sur le récif du Diamant près de Rota. La défaite de Villeneuve et de Gravina est complète : 17 vaisseaux se sont rendus ! *L'Achille* a explosé. Les pertes sont importantes du côté des alliés : 3 000 français tués ou noyés, 1500 du côté espagnol. Villeneuve est fait prisonnier, Gravina est mortellement blessé.

Les Anglais n'ont que 500 disparus et conservent leurs 27 navires engagés mais ils ont perdu leur chef, lord Nelson, qui en mourant donne sa plus belle victoire à l'Angleterre. Il a été tué par un gabier du *Redoutable,* tireur d'élite qui, depuis la hune d'artimon, a visé l'homme le plus décoré du groupe d'officiers qui se tenait sur le pont du *Victory.*

Ni les chantiers, ni les alliances ne redressent la flotte

En rade d'Aix, à Saint-Domingue, aux Saintes, en Méditerranée au large des îles de Lissa, la flotte française accumule de nouveaux revers. Cependant, Napoléon n'abandonnera jamais sa marine, mais il n'a plus que 35 vaisseaux ! Un gigantesque programme de construction est lancé. Les chantiers navals se développent dans de nombreux ports de France, sur les deux rives de l'Adriatique ou sur les rivages de Hollande ; en 1811, il y a 12 cales de construction à Anvers. Mais, il faut construire trop vite « les vaisseaux, avec des bois gras et de fraîche date et ils pourrissent rapidement ». Presque un quart du budget national est consacré à la marine impériale.

Napoléon envisage aussi de réunir toutes les forces navales européennes. Déjà en 1797, on y a adjoint des unités vénitiennes et bataves. Les forces espagnoles sont médiocres mais représentent une force d'appoint et, pour Napoléon, le « nombre » peut remplacer la qualité. Poursuivant cette idée, Napoléon mise sur les forces danoises, russes et portugaises. C'est compter sans l'Amirauté britannique, qui s'empare en 1808 de la flotte danoise et « confisque » la même année à Lisbonne l'escadre russe de la Baltique, commandée par l'amiral Seniavine. Grande déception pour Napoléon, car cette dernière avait été « mise à sa disposition » par Alexandre Ier à Tilsit (1807). Enfin, toujours en 1808, les marins qui accompagnent Junot qui a envahi le Portugal et qui doivent s'emparer de la flotte de Lisbonne, la voient brusquement

Le HMS *Victory*

Né en 1765, ce trois-ponts anglais de 1er rang, commandé par Nelson, a 40 ans à Trafalgar. De sa figure de proue à sa lisse de couronnement, il mesure 69 mètres et, dans sa plus grande largeur, il atteint 16 mètres. Il est armé de 104 canons ainsi répartis : 30 pièces de 32 livres sur le pont inférieur ; 28 de 24 sur la seconde batterie ; 30 de 12 sur le pont principal ; 12 sur la plage arrière ; 2 à la proue ; auxquels s'ajoutent sur le gaillard'avant 2 caronades de 68.

L'équipage au complet est de 850 hommes. Son tirant d'eau est de 7,65 m, il jauge 3250 tonneaux. Sa coque est doublée de 3 293 plaques de cuivre pesant 17 tonnes, autant pour le protéger des tarets, de gros vers qui rongent le bois, que pour augmenter sa vitesse qui peut atteindre 8 noeuds toutes voiles dehors. Ses parties principales et ses superstructures sont en orme et sa carène en chêne de la Baltique. A bord, sont embarqués des fûts de bière forte, des provisions de citrons doux et de pastèques pour lutter contre le scorbut, en plus des volailles vivantes et des traditionnels biscuits.

s'échapper, emmenant au Brésil la famille royale de Bragance. Quant à la Suède, Napoléon ne peut compter sur ses forces navales dès lors que Bernadotte devient prince régent en 1810.

L'Empereur ne parviendra pas à réunir – à l'image de la Grande Armée – cette grande flotte qui aurait coalisé les forces navales européennes pour accomplir sa grande expédition aux Indes ou ses projets visant l'Irlande, l'Afrique du Nord, les Antilles, voire le Brésil et le Surinam !

A la recherche d'un « homme de la Marine »

Outre une flotte importante servie par de bons équipages, il lui faut des capitaines intelligents et des amiraux audacieux. Après Trafalgar, Napoléon a les mots les plus durs pour qualifier Villeneuve « marin sans résolution et sans courage moral qu'il aurait fallu maintenir en sous-ordre ».

C'est dans un tel contexte que l'Empereur cherche le marin capable d'assurer un grand commandement. Or depuis la disparition de Latouche-Tréville en 1804 et d'Eustache Bruix en 1805, le corps de la marine ne lui offre que des officiers certes valeureux, mais pas un qui puisse mettre en œuvre les grandes manœuvres qu'il entrevoit. Déçu tour à tour par Louis Tréguet, Zacharie Allemand ou Ganteaume et même Missiessy, ce ne sont pas des Willaumez, Duperré, Lucas ou Cosmao-Kerjulien qui possèdent les qualités pour faire échec à la *Royal Navy*.

Le refus de l'amiral de Traversay

Napoléon connaît l'existence sur la mer Noire de l'amiral de Traversay. Serait-il capable de réaliser ses rêves de conquête ? Il charge le marquis de Caulaincourt, son ambassadeur à Saint-Pétersbourg, de transmettre une invitation à Jean-Baptiste de Traversay, commandant en chef de la flotte de la mer Noire et des ports militaires de Sébastopol et de Nikolaïev, pour venir servir dans sa marine à un poste de haute responsabilité.

Cet ancien de la Royale, passé au service des tsars, connaît bien les tactiques de la *Royal Navy*. C'est Mure d'Azir, consul de France à Odessa, qui lui transmet l'invitation « L'Empereur vous confiera de hautes fonctions ». Mais il essuie un refus : comblé par les tsars qu'il a servis depuis près de quinze ans, Traversay ne veut pas faire preuve d'ingratitude.

En 1816, dans son exil de Sainte-Hélène, Napoléon aura ces mots amers : « J'ai passé tout mon temps à chercher l'homme de la marine » !

Blocus contre blocus : Napoléon inaugurait en 1806 le blocus continental[6], aveu impuissant qu'il ne peut briser sur mer le blocus britannique[7].

6 Voir l'article « Blocus continental » de Roger Dufraisse, in *Dictionnaire Napoléon*, tome I, dir. Jean Tulard (Fayard, 1987).

7 Blocus total, et autrement plus efficace, à partir de janvier 1807.

4. Austerlitz 1805 : la charge légendaire de la Garde,

par Jacques Garnier.

Sa flotte détruite, Napoléon peut encore s'imposer sur terre. Face à la coalition austro-russe des empereurs François et Alexandre, la campagne est bien engagée. Les Autrichiens de Mack ont capitulé à Ulm. Les Français sont entrés dans Vienne. Mais les lignes de communication de l'Empereur sont trop étirées. Peut-être est-il allé trop loin. Confronté à des forces supérieures, son seul recours est la ruse. Son piège fonctionne à merveille ; l'ennemi agit comme il l'entendait. La victoire est totale, et la charge victorieuse de la Garde devient légendaire.

Austerlitz, actuellement Slavkov, (République Tchèque) :
Début : lundi 2 décembre 1805 vers 7 heures. Fin : même jour vers 17 heures
Forces françaises : Napoléon (Soult, Davout, Lannes, Oudinot, Bernadotte, Bessières, Murat) : 71 000 hommes. Seulement 50 000 hommes sont engagés. Forces austro-russes : Alexandre Ier et François II (Koutouzov, Buxhöwden, Kienmayer, Doktorov, angeron, Liechtenstein, Constantin, Bragation) : 87 000 hommes.
Pertes françaises : 8 200 hommes, dont 1 200 tués. Pertes austro-russes : 27 000 hommes.

La bataille d'Austerlitz est certainement l'une des plus importantes de l'histoire de France. Ses conséquences politiques ont été décisives, puisqu'elle a permis de consolider de façon durable - pour autant que l'on considère comme telle une période de moins de dix ans ! - le pouvoir napoléonien. Une défaite de l'armée française, le 2 décembre 1805, au fin fond de l'Europe, contre l'armée austro-russe du général Koutouzov, aurait peut-être été encore plus décisive que le désastre de Russie, sept ans plus tard. Son influence sur la science – ou l'art – de la guerre a été tout aussi déterminante. Cette bataille n'est-elle pas considérée, encore aujourd'hui, comme un modèle de manipulation psychologique de l'adversaire ? Et pourtant…

1er décembre : les Français à un contre deux

Nuit du 1er au 2 décembre 1805 : la Grande Armée napoléonienne et son adversaire, l'armée des alliés austro-russes, sont au contact quelque part en Bohème-Moravie[8], à quelque 100 km au nord de Vienne et 200 km à l'est de Prague. Napoléon, après avoir battu une première armée autrichienne à Ulm, en Bavière, avait vainement tenté de battre la petite armée russe du général Koutouzov avant qu'elle n'ait la possibilité de rejoindre ses renforts, ce qu'elle a réussi à faire. C'est donc maintenant plus de 90 000 hommes qu'il a en face de lui.
Le 1er décembre au soir, la Grande Armée est concentrée, « pelotonnée », dans le triangle Puntowitz-Bosenitz-Lattein, entre le village d'Austerlitz et la place forte de Brünn. Son front forme un arc de cercle dont l'extérieur fait face à la direction est-sud-est (là où se trouve l'ennemi) et s'étend sur environ 6 km.

8 Actuellement en République tchèque.

1er décembre, minuit : les Autrichiens attaquent Telnitz
Les débouchés permettant à l'armée austro-russe de la contourner par le sud et de se déployer dans la plaine de Turas, au sud-ouest des positions françaises, lui coupant ainsi sa ligne de communication avec Vienne et pouvant rendre certaine sa perte, ne sont tenus que par de simples postes de surveillance, constitués d'hommes appartenant à la division Legrand, du 4e corps d'armée de Soult : le bataillon de tirailleurs du Pô du colonel Hulot (300 hommes) à Sokolnitz, avec quelques hommes détachés à Telnitz, et les deux faibles régiments de chasseurs à cheval du général Margaron (11e du colonel Bessières, frère du maréchal, et 26e du colonel Digeon, au total 500 hommes) un peu en arrière.
Ils ne sont donc que 800 hommes pour garder les passages par lesquels les Austro-Russes ont décidé de faire déboucher leurs trois colonnes de gauche, précédées d'une avant-garde autrichienne, soit près de 40 000 hommes. Un peu avant minuit, dans la nuit du 1er au 2 décembre, un demi-escadron de chevau-légers O'Reilly, de l'avant-garde autrichienne, avait déposté les quelques tirailleurs du Pô de Telnitz. La manœuvre pour contourner les Français, préconisée par Weyrother[9], pouvait commencer…
Entendant le bruit de cet engagement, le général Legrand (aile droite du 4e corps de Soult) envoie à Telnitz un bataillon du 3e de ligne, commandé par le futur général Mouton-Duvernet (600 hommes). Celui-ci arrive vers minuit et reprend le village. Nouvelle alerte vers 2 heures du matin, quand la cavalerie autrichienne revient, soutenue

9 Général autrichien qui a imposé son plan au tsar Alexandre, contre l'avis de Koutouzov.

cette fois par de l'infanterie. Malgré l'échec de cette seconde attaque, Legrand envoie en renfort - mesure de prudence, ou ordre de Napoléon ? - le reste du 3e de ligne.

2 décembre, 9 heures : au bord du désastre

Au lever du jour, bien que Napoléon ait maintenant la certitude que les colonnes russes se dirigent sur Telnitz et Sokolnitz, il y a seulement, pour garder ces villages 300 hommes (chasseurs du Pô) et 2 canons à Sokolnitz, 1 600 hommes (3e de ligne) et 4 canons à Telnitz, et 500 cavaliers un peu en arrière. 2 400 hommes contre 40 000... Conformément au plan de Napoléon, seuls peuvent venir au secours de ces malheureux le reste de la division Legrand et ce que le maréchal Davout réussira à amener jusque-là. Mais ce dernier est encore à Raygern, à près de 9 km à vol d'oiseau du lieu de l'action. De plus, les ordres reçus devaient sensiblement allonger sa route : on l'envoie d'abord sur Turas, puis sur Sokolnitz. C'est de son propre chef qu'il se dirige sur Telnitz : ses premiers éléments n'atteindront ce village que vers 9 heures.

Napoléon à Austerlitz

L'Empereur est arrivé à Brünn, en Moravie, le 20 novembre à 10 heures. Le 29, il transporte son quartier général à la grange de Gandio. Le 1er décembre est passé à reconnaître les positions. Il rentre coucher dans une baraque proche de la cote 287, d'où il pourra commander, le 2, les premiers mouvements de la bataille. Lors de l'avance de la Grande Armée, il portera son quartier général à côté de la chapelle Saint-Antoine, en haut d'Aujezd.

Dès 7 heures, le général Kienmayer avait commencé à engager les 6 500 hommes de l'avant-garde autrichienne de la première colonne russe, la plus au sud. A 8 heures et demie, cette première colonne russe elle-même, commandée par le général Doktorov, et accompagnée du général Buxhöwden qui commande toute la droite alliée, débouche dans la plaine en avant d'Aujezd, prête à attaquer Telnitz.
A 9 heures, le 3e de ligne, malgré des efforts héroïques, luttant à 1 contre 3, ne peut plus tenir le village et doit se retirer en désordre derrière le Goldbach sous la protection des cavaliers de Margaron. Le reste de la division Legrand est à Sokolnitz, un peu plus au nord (tirailleurs corses, 18e et 75e de ligne).La situation devient critique
Seul le général Merle, à la tête du 26e de ligne avait été envoyé en renfort sur Telnitz. Mais il doit rester à Sokolnitz, que la deuxième colonne russe du général Langeron commence à attaquer. A ce moment-là, il suffit que les trois colonnes russes remplissent leur rôle, pour que, au niveau de Sokolnitz-Telnitz, 4 000 Français se trouvent opposés à 40 000 Austro-Russes. Même si le terrain ne se prête guère au déploiement d'une troupe nombreuse, comment ce qui est devenu l'aile droite du dispositif français pourrait-elle contrer la réalisation du plan Weyrother ? Napoléon était alors tourné, et certainement battu.

Octobre : Mack est pris au piège

Il faut revenir à l'origine du drame. Dans la seconde moitié du mois d'août 1805, Napoléon se rend compte que son projet d'invasion de l'Angleterre s'avère impossible - y avait-il vraiment cru ?. Le 29 août, la Grande Armée est constituée : 7 corps sous le maréchal Bernadotte, le général

Marmont, les maréchaux Davout, Soult, Lannes, Ney et Augereau, la Garde impériale et la réserve de cavalerie du maréchal Murat. Au total, 145 000 fantassins et 38 000 cavaliers qui, tels « sept torrents », sont lancés contre la monarchie autrichienne. Il faut faire vite, car l'ennemi attend des renforts russes. Pendant que Napoléon se charge du théâtre d'opérations d'Allemagne (l'armée du général Mack), le maréchal Masséna devra faire diversion contre l'armée autrichienne d'Italie de l'archiduc Charles.

Le 6 octobre, la Grande Armée atteint le Danube entre Gunsbourg et Neubourg, soit plus loin que l'armée de Mack, qui est restée à Ulm, en Bavière. Celui-ci est pris au piège et doit accepter la reddition de son armée pour le 20 octobre. Le lendemain aura lieu le désastre naval de Trafalgar, mais Napoléon ne l'apprendra que le 17 novembre.

Novembre : l'attente

Napoléon peut se retourner contre la petite armée russe du général Koutouzov, qui était venue au secours de son allié autrichien. Depuis le 20 octobre, il avait constamment essayé de la rejeter vers le sud, afin de couper ses communications avec la Russie, donc vers les renforts attendus. Malheureusement, ses tentatives en ce sens ont échoué, et Napoléon se retrouve, juste un mois après, le 20 novembre, à Brünn, petite place située à 100 km au nord de Vienne et 200 km à l'est de Prague. La situation devient critique : à mesure que l'effectif de Napoléon fond, obligé qu'il est de laisser des détachements dans son avance, celui de Koutouzov se renforce. De plus, le risque d'une intervention des Prussiens, considérés (avant Iéna) comme redoutables, est de moins en moins à négliger.

Il décide donc d'arrêter son avance à Brünn, et choisit une position d'attente stratégique. Il a devant lui, à Olmütz, l'armée de Koutouzov, qu'ont rejoint les renforts russes du général Buxhöwden et les Autrichiens du prince de Liechtenstein, échappés du désastre d'Ulm ou venus de Vienne. Au total, plus de 80 000 hommes. Certes, Napoléon ne dispose lui-même que de 50 000 hommes concentrés en face de Koutouzov, mais il pense en avoir beaucoup plus de réunis, c'est-à-dire assez proches de lui pour pouvoir participer à l'action. - ce sera le cas du corps de Bernadotte et d'une partie de celui de Davout.

Le piège

L'Empereur estime que le rapport des forces ne devrait pas se dégrader significativement avant un mois. De fait, la Prusse, même si elle se décide à intervenir contre lui, ne pourra être en mesure de participer à l'action avant ce délai. Il en va de même pour la forte armée autrichienne d'Italie, qui a autour d'elle les corps de Masséna, Ney et Marmont. Il est donc impératif, puisqu'il n'est pas question de reculer, d'obtenir la bataille rapidement : Napoléon fera tout pour favoriser et préparer cet événement. Le favoriser en feignant de craindre l'affrontement et en masquant sa concentration : les Russes pourront croire avoir en face d'eux une armée moitié moins forte que la leur et en préparation de retraite. Le préparer en organisant plusieurs scénarios possible pour la bataille, particulièrement en imaginant plusieurs lignes de front possibles en fonction du jour où elle pourra avoir lieu.

Seul problème, mais il est de taille : que fera l'ennemi, face à ce piège ?Napoléon est pressé de savoir, pressé d'en découdre, pressé d'en finir. Il sacrifie donc les quelques cavaliers du général Treilhard postés à Wischau et donne même à Murat venu soutenir celui-ci l'ordre de se retirer. Quelle meilleure preuve, pour les alliés, de la situation critique de la Grande Armée et de la volonté de son chef d'opérer sa retraite ?

Les 28 et 29 novembre, l'Empereur, à cette marque de faiblesse matérielle, ajoute une action diplomatique pouvant être prise pour une faiblesse morale. Il envoie son homme de confiance, le général Savary, chez le Tsar, pour lui demander une suspension d'armes et une entrevue. Alexandre Ier ne consentira qu'à envoyer son fidèle Dolgorouki, qui ne comprendra rien à la situation réelle des Français.

Attaquer malgré le péril

Le 29 novembre, à 21 heures, la division Friant (3e corps de Davout) part de Vienne. Malgré la distance énorme, il arrivera à temps et sera en mesure de participer (et de quelle manière !) à la bataille.

Les alliés semblent, dans ce moment, faire justement ce que souhaite Napoléon : ils ont mis 5 jours à parcourir les 60 km séparant Olmütz d'Austerlitz, ont changé leurs plans en cours de route, ont mélangé l'ordonnancement de leurs colonnes, pour enfin apparaître le 1er décembre sur le plateau de Pratzen, à la vue de l'Empereur.

Cependant, sa satisfaction n'est pas totale : que va faire maintenant l'ennemi ? Va-t-il rester sur le plateau ? Il devrait alors lui-même, puisqu'il tient tant à la bataille, passer à l'offensive, contre un ennemi bien posté et qu'il ne pourra que repousser sur ses bases. Va-t-il remplacer l'opération de contournement par un simple débordement ?

A 20 h 30 le 1er décembre, il prend son parti. Il va attaquer dès le lendemain matin, quels que soient les risques encourus. Il ne va donc pas céder à la tentation d'opérer une défense en cordon, le long du Goldbach, comme aurait pu le faire un général ordinaire. Seule la division Legrand restera un peu en arrière de sa droite, prête à détacher des bataillons pour surveiller ou contrer d'éventuelles attaques ennemies.

Les alliés cèdent à la tentation

Davout, arrivé à Raygern, ne sera même pas envoyé directement sur les passages de Telnitz et de Sokolnitz : il devra prendre, tôt le matin du 2 décembre, la direction de Turas, c'est-à-dire qu'il se rapprochera de la ligne de front et particulièrement du 2e corps du maréchal Soult, de manière indirecte, pouvant être dévié à tout moment vers le point où sa présence s'avérera nécessaire. C'est ce qui se passera dès 5 heures du matin, lorsque lui sera donné l'ordre de se diriger sur Sokolnitz, puisque Napoléon sait maintenant que les alliés tentent le passage par le sud.

Après les attaques de la nuit et du petit matin, les alliés parviennent, vers 9 heures, à prendre pied sur la rive droite du Goldbach. Les trois colonnes de droite semblent pouvoir remplir leur mission de débordement de la Grande Armée. Pendant ce temps, la quatrième colonne (Kollowrath) est seulement en marche sur Pratzen, pour continuer sur Kobelnitz. La gauche russe (Bagration) commence à se déployer en travers de la route d'Olmütz, afin de fixer la partie de l'armée française lui faisant face. La cavalerie du prince de Liechtenstein se déploie pour combler l'énorme trou entre le centre et la droite, résultat de ces manœuvres.

Le dispositif est en place

Vers 8 heures, le brouillard qui masquait jusque là les mouvements des Français se dissipe. Tout est clair dans l'esprit de Napoléon depuis un moment déjà : plutôt que d'essayer de contrer le gros de l'ennemi dans son action engagée, il va envoyer Soult à l'attaque du plateau maintenant dégarni, en le faisant soutenir par sa seconde ligne, afin de prendre l'armée alliée en flagrant délit de manœuvre. Lannes et la cavalerie resteront au nord du champ de bataille afin de s'opposer aux tentatives de Bagration.

A 8 h 30, les divisions Vandamme et Saint-Hilaire (corps de Soult) s'ébranlent sur trois lignes en colonnes d'attaque ; elles gravissent sans difficultés les pentes du plateau jusqu'au moment où elles se heurtent à la colonne Kollowrath, qui est atteinte avant d'avoir pu remplir son rôle initialement prévu. Elle essayera, en vain, d'en remplir un nouveau, en tentant d'empêcher l'avance des divisions de Soult.

Vers 8 heures, également, Lannes et la cavalerie de Murat avaient pris position à hauteur du Santon, pour se mettre en mouvement contre les lignes de Bagration.

A ce moment, l'ensemble des pièces du puzzle est réuni, mais pas encore ordonné. Tout dépend de la faculté de la droite française à contenir les furieux assauts des colonnes russes.

La cavalerie de la Garde fait merveille

Vers 9 heures, les premiers régiments du corps de Davout arrivent à Telnitz. Après un moment de flottement, lorsque les troupes de Legrand tirent par erreur sur eux, les prenant pour l'ennemi, ils réussissent, grâce aussi au soutien de la cavalerie du général Bourcier, à « colmater la brèche » et interdire aux Russes le passage. Dès lors, tout le plan des alliés s'effondre, puisque de chasseurs contre un gibier qu'ils pensaient prendre facilement, apeuré, au gîte, ils deviennent eux-mêmes la cible de ce gibier qui s'est manifestement rebellé…

Les Français connaissent bien certaines difficultés, parfois graves : elles seront toutes surmontées pour atteindre une victoire qui, maintenant, ne fait plus de doute. Même les problèmes rencontrés par la droite pour contenir, puis repousser Bagration, même les désordres mis par la cavalerie russe dans les rangs de l'infanterie de Soult n'y font rien. A chaque fois des réponses sont trouvées, plus héroïques les unes que les autres : lorsque le grand-duc Constantin vient attaquer, avec la garde à cheval du Tsar, le flanc de la division Vandamme qui amorce sa conversion droite, Napoléon ordonne d'envoyer sa propre garde à cheval en contre-attaque. Les grenadiers à cheval (les « chevaux noirs de Bessières »), puis les chasseurs et les mamelouks, dans un élan irrésistible, dispersent les chevaliers-gardes du tsar d'Alexandre Ier…

Il est alors 14 heures. Cette charge légendaire n'a pas forgé la victoire, elle en est plutôt la manifestation. Les Français montés sur le plateau pourront repousser les Russes qui y étaient encore et les rejeter sur les étangs glacés, pendant que la gauche de l'ennemi s'échine toujours vainement à passer le Goldbach, et pendant que Bagration lui-même, malgré tout son courage, malgré toute sa valeur, est repoussé par Lannes.

Napoléon a triomphé de la troisième coalition. Trois jours après un armistice sera conclu. Moins d'un an après, tout sera à refaire. Dix ans après, tout sera perdu. Mais quelle intelligence, quel panache, quels rêves pour les générations futures !

Chronologie (1805-1806)

1805 : 26 décembre : paix de Presbourg avec l'Autriche. Fin de la troisième coalition.

1806 : 15 février : Joseph Bonaparte proclamé roi de Naples; **17 février :** décret ordonnant la construction de l'Arc de triomphe: ; **5 juin :** Louis Bonaparte proclamé roi de Hollande ; **12 juillet :** création de la Confédération du Rhin. Napoléon protecteur de l'Allemagne **; Juillet-Août :** quatrième coalition contre Napoléon (Grande-Bretagne, Russie, Prusse) ; **6 août :** François II renonce au titre d'empereur germanique et devient François Ier d'Autriche ; **9 août** : mobilisation de la Prusse ; **12 septembre :** invasion de la Saxe par les Prussiens ; **10 octobre :** victoire de Saalfeld sur les Prussiens ; **14 octobre :** victoires de **IÉNA** et **AUERSTÄDT** sur les Prussiens.

5. Iéna-Auerstädt 1806 : la Prusse anéantie en un jour

par Laurent Henninger.

Septembre 1806, la guerre reprend, avec l'intervention d'un ennemi apparemment redoutable. Mais voilà, le roi Frédéric-Guillaume n'est pas Frédéric II. Les Prussiens peuvent pavoiser, expédier un ultimatum, mépriser le Petit Corse. La réponse sera foudroyante : deux victoires en un jour et la fin (provisoire) de la Prusse.

<u>Iéna (Thuringe, sur la Saale) et Auerstädt (à 20 km)</u>

14 octobre 1806

<u>Iéna :</u>

<u>Forces françaises</u> : Napoléon (Soult, Lannes, Ney, Augereau, Murat), 97 000 hommes, dont 56 000 véritablement engagés.

<u>Forces prussiennes</u> : Hohenlohe, plus de 50 000 hommes engagés.

<u>Pertes françaises</u> : environ 5 000 hommes. <u>Pertes prussiennes</u> : 12 000 hommes.

<u>Auerstädt :</u>

<u>Forces françaises</u> : 3e corps du maréchal Davout, 25 000 hommes. <u>Forces prussiennes</u> : Brunswick, 7 000 hommes.

<u>Pertes françaises</u> : 7 000 à 8 000 hommes. <u>Pertes prussiennes</u> : 15 000 hommes.

En 1806, Napoléon contrôle l'Allemagne centrale et occidentale, où il vient de créer une Confédération du Rhin. La Bavière, le Würtemberg et d'autres États allemands sont devenus ses alliés et il vient, au mois d'août, de dissoudre le Saint Empire romain germanique, vieux de près d'un millénaire. Désormais, l'empereur François II n'est plus que François Ier d'Autriche. La Prusse qui, jusqu'à la victoire française à Austerlitz, l'année précédente, envisageait de rejoindre la coalition contre Napoléon et ne l'avait pas fait, est maintenant si alarmée par le cours des événements qu'elle se prépare secrètement à faire la guerre, encouragée – et financée – par l'Angleterre.

L'arrogance mal fondée de la Prusse

La Saxe se joint finalement à la Prusse, mais sans grande conviction. Les Prussiens commettent là l'erreur classique consistant à déclencher les hostilités sans attendre l'arrivée des alliés principaux (en l'occurrence, les Russes) et alors que l'adversaire est au faîte de sa puissance militaire et politique. En outre, les Prussiens surestiment gravement la puissance

Napoléon à Iéna

Parti de Géra (à 40 km à vol d'oiseau à l'est d'Iéna), le 13 octobre 1806 à 9 ou 10 heures, Napoléon arrive à Iéna en début d'après-midi. Il monte vers 16 heures sur le Landgrafenberg. Après avoir choisi son bivouac et donné ses instructions, il revient à Weimar. Il monte ensuite sur le Galgenberg (juste au sud du champ de bataille). Vers 18 heures, il revient à Iéna. A la fin de l'après-midi, il va à son bivouac. A 22 heures, muni d'une lanterne, il va aider l'artillerie à assurer un passage jusqu'au sommet du plateau où aura lieu la bataille. 14 octobre : dès 1 heure du matin, Napoléon fait un reconnaissance avec Suchet. A 6 heures, il passe au milieu des troupes. Le soir, après la victoire, il revient coucher à Iéna.

de leur armée, en pleine décadence depuis les heures de gloire de Frédéric II, et sous-estiment et méprisent l'ennemi français : « Pas besoin de sabres, des gourdins pour ces chiens ! », déclare le colonel des gendarmes de la Garde, dont les officiers sont venus, par bravade, aiguiser leurs sabres sur les marches du perron de l'ambassade de France. « Bonaparte est indigne d'être caporal dans l'armée prussienne », entend-on dans tout Berlin, où l'on pense que l'armée nationale, « la première du monde », est « une armée de héros », et « qu'on pouvait tout espérer [d'elle] ». En bref, les Prussiens sont dans la situation typique d'une nation et d'une armée qui s'apprêtent à être vaincus car, bien entendu, ces discours de matamores cachent une réalité presque exactement opposée à ces proclamations.
L'armée comme l'État prussiens sont en pleine dégénérescence par rapport à ce qu'ils avaient été quelques décennies plus tôt, sous le règne de Frédéric II. Seules subsistent les formes de la gloire passée, que des élites vieillissantes autant que creuses, mesquines et corrompues perpétuent et idolâtrent. L'essence de la grandeur passée est alors morte. L'armée prussienne s'en tient encore à un art de la guerre compassé, tel qu'il se pratiquait au XVIIIe siècle, et s'avère incapable d'intégrer la violence, la rapidité, l'allant, le patriotisme, le sens de la manœuvre et la promptitude de décision d'une armée française issue de la Révolution.

23 km par jour à marche forcée

Au mois de septembre, la Grande Armée, qui comprend environ 200 000 hommes, est stationnée, pour la majeure partie, en Allemagne du Sud, à l'exception de la Garde, sur le chemin du retour en France, mais qui sera promptement rappelée.

Napoléon se prépare à envahir la Prusse. Dans le plus grand secret, il concentre ses forces le plus loin à l'est possible, soit au nord-est de la Bavière, tout près de la frontière autrichienne, mais en prenant soin de ne pas violer la neutralité de ce pays. L'armée de campagne prusso-saxonne comprend environ 130 000 hommes, sous le commandement général de Karl Wilhelm Ferdinand, duc de Brunswick, le vaincu de Valmy en 1792.
Le 8 octobre, Napoléon ouvre les hostilités en marchant vers le nord, en direction de Leipzig, en Saxe, à travers la forêt de Thuringe, au nord-ouest du massif de l'Erzgebirge, marquant la frontière entre la Prusse et l'Autriche. La rapidité de sa concentration comme de son avance est remarquable. Précédée par un écran de cavalerie, la Grande

Davout, un grand tacticien
De 1804 à 1815, Napoléon nomme 26 maréchaux. Certains sont des meneurs d'hommes, comme Ney, Murat, ou Oudinot. Quelques-uns seulement des véritables tacticiens, Masséna, Suchet et surtout Davout. De petite noblesse bourguignonne, Davout embrasse dès 1789 les « idées nouvelles ». Général de brigade en 1793, il combat dans les armées de la Moselle et de Rhin-et-Moselle. Avec Bonaparte, il est en Égypte et, à 34 ans, en 1804, il reçoit la dignité de maréchal.
Il va se signaler à deux reprises : le 14 octobre 1806, à Auerstädt ; le 22 avril 1809, à Eckmühl. Davout participe ensuite à la campagne de Russie et, en 1813-1814, assure la défense de Hambourg. Tenu en disgrâce pendant la Première Restauration, il se rallie à Napoléon pendant les Cent Jours et devient ministre de la Guerre. Après Waterloo, Davout connaît une nouvelle disgrâce qui s'achève en 1817.

Armée avance en trois colonnes parallèles sur un front d'environ 45 km, au rythme de 23 km par jour. Formant grossièrement un immense carré, l'armée française est alors prête à opérer une concentration tactique dans n'importe quelle direction d'où pourrait surgir une menace.

Les Prussiens débordés par la gauche

Le 12 octobre, commence la grande manœuvre opérationnelle de contournement stratégique. L'avance française a réussi à déborder le flanc gauche des Prussiens qui se dirigeaient vers le Rhin, les surprenant totalement.
Ces derniers ont pris conscience de l'état de la situation lorsque, le 10 octobre, le corps de cavalerie du maréchal Lannes, sur l'extrême gauche du dispositif français, a bousculé et quasi anéanti une force prussienne à Saalfeld ; le prince Louis de Prusse a d'ailleurs été tué dans l'engagement. A Lannes, qui lui reproche de ne pas l'avoir pris vivant, le maréchal des logis Guindet, lui montre les deux coups de sabre qu'il a sur le crâne, et répond : « Il n'était pas d'humeur à se rendre… » La nouvelle se répand rapidement dans le gros de la troupe prussienne et entame son moral.
A ce moment-là de la campagne, Napoléon et la Grande Armée sont plus près de Berlin que ne le sont l'armée prussienne et son roi ! Sachant que le gros de l'armée prussienne est alors sur sa gauche, Napoléon ordonne à Davout et à Bernadotte de se diriger vers l'ouest, depuis Naumburg, afin de couper la ligne de communication entre l'armée de l'ennemi et sa capitale.
Le reste de la Grande Armée se dirige, pour sa part, vers Iéna, à une dizaine de kilomètres de Weimar. Davout exécute correctement les ordres, tandis que Bernadotte, les

comprenant mal, se dirige vers le sud-ouest au lieu d'avancer plein ouest.

Iéna : une défaite prussienne

Pendant ce temps, les Prussiens, alarmés par la nouvelle de l'avance française, ont changé leurs plans. Le duc de Brunswick, avec 50 000 hommes, se dirige vers le nord-est, vers Auerstädt, petite localité située à une vingtaine de kilomètres au nord de Iéna. Parallèlement, le prince Friedrich Ludwig von Hohenlohe est à la tête d'une force de 50 000 hommes dispersée à travers un front d'environ 25 km entre Weimar et Iéna, afin de protéger les arrières de Brunswick.

Peu après l'aube, Napoléon rencontre Hohenlohe en tentant de concentrer 56 000 hommes à Iéna. Le Prussien attaque violemment Lannes, qui soutient difficilement le choc, tandis que l'Empereur jette toutes ses divisions dans la mêlée au fur et à mesure qu'elles parviennent sur le théâtre des combats. Vers midi, il a presque complètement réussi à déloger ses adversaires du champ de bataille, mais les combats se poursuivront encore dans l'après-midi. Les pertes prussiennes s'élèvent à 27 000 hommes et 112 canons, tandis que les Français ont tout de même déjà perdu 6 000 hommes, ce qui est très lourd.

Auerstädt : l'écroulement de la Prusse

Au moment même où se produit la bataille d'Iéna, un autre combat, au moins aussi important, bien que beaucoup moins célèbre, se déroule à Auerstädt, à quelques dizaines de kilomètres de là, où les 30 000 hommes du corps de Davout sont aux prises avec les 70 000 hommes de

Brunswick. Davout, situé sur la ligne de communication de ses adversaires, soutient les assauts répétés des Prussiens pendant plus de six heures. Brunswick est mortellement blessé dans l'engagement et le roi Frédéric-Guillaume III prend le commandement. Le moral de l'armée prussienne a continué de s'effondrer avec la venue de la nouvelle du succès français à Iéna.

Voyant que les efforts prussiens faiblissent, Davout passe à la contre-attaque. Bernadotte, alors près de Dornburg – et donc assez loin des deux champs de bataille –, commence à réaliser que quelque chose d'important se produit. Marchant au canon à la tête de ses 20 000 hommes, il ne parviendra sur le théâtre des combats qu'une fois tout terminé. L'Empereur lui reprochera plus tard cette inaction.

Fléchissant peu à peu sous les coups de boutoir des contre-attaques de Davout, le commandement déjà hésitant de Frédéric finit par s'écrouler complètement et l'armée prussienne tout entière commence à se désintégrer : 25 000 hommes y ont été tués ou blessés, et près de 25 000 autres faits prisonniers. Les pertes françaises s'élèvent à environ 7 000 hommes.

Échec prussien ou victoire française ?

Une fois de plus, par la rapidité de ses mouvements et par sa maîtrise de l'art de la combinaison, Napoléon a remporté une victoire stratégique avant même que les opérations tactiques ne commencent.

Pourtant, paradoxalement, les deux batailles de ce 14 octobre 1806 ont tactiquement fort mal commencé pour les Français : Napoléon n'a pas su se présenter du fort au faible, comme il en avait l'habitude, et n'était même pas concentré. Les auteurs prussiens tels que Clausewitz auront plus tard bien raison d'écrire que l'échec de cette campagne n'était que le produit de la décadence nationale et militaire de la vieille Prusse de Frédéric II, de son modèle d'armée et de son art militaire obsolète face à l'énergie et à l'élan patriotique des jeunes forces de la France.

Pour cultiver le goût du paradoxe, on peut écrire que c'est plus l'armée prussienne qui a été vaincue que l'armée française qui a été victorieuse ! Bien que géniale, la manœuvre de l'Empereur a été entachée d'erreurs, mais les erreurs du commandement (tergiversations, inertie et quasi-gâtisme) comme la déliquescence du moral prussiens ont été pires. Napoléon, lui, a su opportunément adapter ses plans aux circonstances lorsque ces dernières l'ont obligé à modifier l'idée originelle de la manœuvre d'ensemble.

Le coup de grâce

Après ces batailles, la Grande Armée se dirige vers le nord, à la poursuite des restes de l'armée prussienne. La cavalerie de Murat s'empare d'Erfurt le 16 octobre, où 10 000 survivants d'Auerstädt de l'armée de Frédéric capitulent. Berlin est investi le 24 octobre et, à Prenzlau, le prince Hohenlohe se rend avec 10 000 autres soldats, le 28 octobre. Au cours du mois de novembre, quelque 32 000 Prussiens se rendent à la cavalerie légère française ! Le dernier centre de résistance prussienne capitule à Schwartau, près de Lübeck, le 7 novembre. Il était sous le commandement de Blücher. Le roi, quant à lui, se réfugie à Königsberg, sous la protection de fait des Russes.

Dès le 30 novembre, Napoléon et 80 000 hommes de la Grande Armée font mouvement en direction de la Pologne,

et occupent Varsovie afin de prévenir toute tentative russe de venir au secours de la Prusse : le général Bennigsen, avec 100 000 Russes et quelques survivants de l'armée prussienn,e attendaient à Pultusk.
C'est là que se déroulent, le 26 décembre, des combats d'arrière-garde désespérés lorsque Bennigsen parvient à éviter les manœuvres des Français destinées à le prendre au piège. Ses troupes épuisées, et le froid commençant à devenir intense, Napoléon fait prendre les quartiers d'hiver le 30 décembre. Ses corps d'armée étaient maintenant dispersés sur tout le nord de la Pologne et la Prusse orientale, depuis le fleuve Bug jusqu'à Ebling, sur la Baltique.

La seconde partie de cette campagne contre la quatrième coalition se déroule durant l'hiver 1807, lorsque les Russes prennent l'offensive et se font battre à Eylau et à Friedland. Pourtant, ces deux victoires sont coûteuses pour les Français : le déclin de la suprématie militaire napoléonienne commençait alors lentement…

Les espions de l'empereur

L'organisation du renseignement opérationnel est encore très rudimentaire. Tout est concentré entre les mains du commandant en chef qui jette – ou non – un rapide coup d'œil aux informations qui lui parviennent (parfois). L'armée française fait exception.

Le Bureau des statistiques (dirigé par le général Savary de 1805 à 1809) est chargé de collecter toutes les informations possibles : topographie, cartes, routes, dépôts de munitions, ravitaillement, obstacles, ponts, fortifications, ordres de bataille, etc. Il utilise pour cela ses espions, des ambassadeurs, des officiers en civil et en service commandé dans les territoires adverses.

Pourtant, l'essentiel du travail de renseignement est fait dans le cours même de la campagne et est dévolu à la cavalerie légère. Des détachements de ses troupes sont lancés dans pratiquement toutes les directions autour du gros de l'armée en marche. Leur tâche consiste alors à compléter et actualiser tous les renseignements, mais aussi à débusquer l'ennemi, à intercepter ses courriers, à empêcher les détachements de reconnaissance de celui-ci d'effectuer leur mission, à organiser des manœuvres de « déception » du renseignement adverse, en bref, à éclairer la Grande Armée. Pourtant, l'Empereur ne faisait qu'une confiance limitée à sa cavalerie en matière de renseignement. Durant les campagnes d'Espagne et de Russie, cette tâche fut rendue plus ardue par l'hostilité des populations locales.

Enfin, deux organisations parallèles avaient des missions qui se recoupaient sur bien des points et elles ne partageaient quasiment aucun renseignement : la Maison de l'Empereur et l'état-major général de la Grande Armée, dirigé par Berthier, également ministre de la Guerre. Ce renseignement opérationnel restait toutefois essentiel à la réussite d'une manœuvre napoléonienne fondée principalement sur l'effet de surprise et la rapidité. L'Empereur ne pouvait donc tirer pleinement parti de ces informations. La guerre devenant, avec son époque, de plus en plus complexe, la nécessité d'une organisation du renseignement commençait à se faire sentir. Mais, ce seront en fait les Prussiens qui, dans le cadre de leur grand état-major, développeront une telle organisation au cours du XIXe siècle.

Chronologie (1806-1807)

1806 : 16 octobre : prise d'Erfurt ; **17 octobre :** victoire de Halle sur les Wurtembergeois ; **27 octobre :** entrée de Napoléon à Berlin ; **28 octobre :** capitulation des Prussiens d'Hohenlohe à Prenzlau ; **7 novembre :** capitulation des Prussiens de Blücher près de Lübeck ; **9 novembre :** entrée des Russes de Bennigsen en Prusse ; **21 novembre :** décret de Berlin organisant le Blocus continental contre la Grande-Bretagne ; **28 novembre :** prise de Varsovie ; **26 décembre :** bataille de Pultusk contre les Russes.

1807 : 1er janvier : blocus des ports français par la Grande-Bretagne ; **8 février :** victoire d'Eylau sur les Russes et les Prussiens.

6 Eylau 1807 : le massacre du cimetière

par Aymar du Châtenet.

La victoire d'Iéna n'a rien réglé. Les Russes accourent au secours des Prussiens. La guerre s'élargit à la Pologne. Malgré le froid, la guerre se poursuit dans l'hiver 1806-1807. Elle se solde par deux victoires à Eylau (8 février) et Friedland (14 juin). La seconde est incontestable et met fin à la quatrième coalition (1806-1807). La première l'est aussi, du moins officiellement : elle est gravée dans la pierre de l'Arc de triomphe à Paris, une avenue de la capitale à été baptisée à son nom. La réalité est autre. Une terrible hécatombe : 43 000 victimes et une demi-victoire pour Napoléon.

Eylau, actuellement Bagrationovsk (Russie) :
Début : dimanche 8 février 1807 vers 7 heures. Fin : le même jour vers 18 heures.
Forces françaises : Napoléon (Soult, Augereau, Murat, Bernadotte, Davout, Ney), 55 000 hommes. Forces russes : Bennigsen (Lestocq), 77 000 hommes.
Pertes françaises : 18 000 hommes. Pertes russes : 25 000 hommes.

Le 1er février 1807, les cosaques capturent un officier porteur d'une dépêche de Napoléon destinée à Bernadotte. La missive est immédiatement transmise à Bennigsen, général en chef de l'armée russe. Le document contient des informations décisives : Napoléon demande à Bernadotte de se tenir prêt à contourner les Russes par le sud. Les Russes poursuivis par la Grande Armée savent où et quand l'Empereur a décidé d'engager le combat, à Eylau. La troupe est dans un piteux état. Transis par le froid, affamés, les soldats ont pour seule nourriture quelques pommes de terre. Pourchassés par Murat, Soult et Davout, les Russes se replient, dans la plus grande confusion, sur l'objectif, ce que Napoléon ignore.

Les premiers chocs

Le premier choc avec l'arrière-garde russe a lieu à Hof, accessible par un petit pont qui enjambe un profond ravin. Une première charge de hussards, de chasseurs à cheval et de dragons, conduite par Klein, est repoussée par huit bataillons de grenadiers russes. L'Empereur lance alors les cuirassiers de Hautpoul, conduits par Murat, qui taillent en pièce l'ennemi. Un fait d'arme qui vaut à d'Hautpoul le baiser de l'Empereur devant ses troupes rassemblées. « Pour me montrer digne d'un tel honneur, il faut que je me fasse tuer pour Votre Majesté ! », s'écrie d'Hautpoul. Il sera exaucé dès le lendemain.

Au soir du 7 février, l'avant-garde de l'armée française gagne Eylau, ville de Prusse-Orientale (aujourd'hui Bragationovsk, en Russie), dont le cimetière va devenir le théâtre de l'une des plus effrayantes hécatombes des guerres napoléoniennes. Affolée, la population a déserté les habitations pillées par les soldats russes puis français. Dans la ville, les combats font rage. Un groupe de soldats russes s'étant réfugié dans un moulin, les Français y mettent le feu ne laissant aucune échappatoire aux assiégés.

Le cimetière est aux mains du second bataillon du 4e de ligne commandé par Dupin. Sous les ordres de Barclay de

Tolly, les Russes réinvestissent le cimetière. Mais grâce au capitaine Joseph Hugo, père de Victor, les Français reprennent le carré des tombes. Les combats sont d'une extrême violence. Echapper aux balles relève du miracle : « J'ai reçu deux balles dans mon chapeau, une autre m'a enlevé mon épaulette et enfin, une quatrième m'a coupé le fourreau de mon sabre et fait deux trous dans ma capote », rapporte Dupin, l'un des seuls officiers restés debout.

Napoléon se poste à Eylau

A 11 heures du soir, Napoléon s'installe dans la maison de poste d'Eylau alors que Soult occupe la ville encerclée par la cavalerie de Murat. Napoléon, qui n'a pas retiré ses bottes depuis sept jours, décide de s'assoupir. La ville et le cimetière sont aux mains des Français.

Le rapport des forces est largement défavorable à Napoléon qui dispose d'environ 54 000 hommes « mourant de faim » et de 200 canons. C'est peu, comparé à l'adversaire. Bennigsen a sous ses ordres 72 000 Russes auxquels s'ajoutent 8 000

Napoléon à Eylau

Le 7 février 1807, tôt le matin, Napoléon part de Gross Glandau. Il s'arrête le soir à Ziegelhof, à moins de 2 km au sud-ouest d'Eylau. Le 8, avant le jour, il dispose la Garde et le corps d'Augereau. A 8 heures., à la suite de l'attaque inattendue des Russes, il se porte sur la hauteur dominant le cimetière. A 9 heures, il se trouve dans le cimetière, où il est attaqué. A 15 heures, il déjeune dans Eylau, puis revient dans le cimetière une heure après. A la nuit, après la bataille, il rentre dans Eylau. Il va coucher près de Ziegelhof. Le lendemain, vers midi, il visite le champ de bataille.

Prussiens. Il possède 500 canons. Alerté par la dépêche, saisie sur le coursier quelques jours auparavant, il ne saurait être pris au dépourvu et a soigneusement préparé son ordre de bataille : deux longues lignes sur un front de 4,5 km renforcé par un double dispositif, légèrement en retrait.
A l'aube du 8 février 1807, Napoléon installé dans le cimetière d'Eylau avec la Garde s'appuie sur la ville. A sa droite, la division Saint-Hilaire, à sa gauche les hommes du maréchal Augereau, lequel, malade et perclus de rhumatismes, « se fait attacher sur son cheval ». Davout a pour mission d'attaquer le flanc gauche de l'ennemi. Seule incertitude : Ney qui, à 30 km de la ville, poursuit les Prussiens. Il devra, s'il arrive à temps, fondre sur le flanc droit de l'adversaire.

Le massacre du cimetière

Lorsque les Russes ouvrent le feu sur le cimetière, c'est un orage de fer qui s'abat sur la division Saint-Hilaire et la Garde. Une balle transperce le bras droit du capitaine Hugo : « Je donnais une poignée de main à mon bras gauche pour m'assurer que mon bras droit était encore là. Je vis seulement un grand trou dans ma manche », raconte-t-il.
L'artillerie de Soult et Augereau entre en action, renforcée par les canonniers de la Garde. Si les Français disposent d'un nombre inférieur de pièces, les artilleurs sont plus expérimentés. Leurs boulets font des ravages dans les lignes russes et fauchent des rangées entières de l'infanterie ennemie.
L'Empereur lance Augereau sur le centre russe, et la division Saint-Hilaire (corps de Soult) sur la droite. Objectif : faire jonction avec Davout. Mais au moment où les corps d'Augereau et de Saint-Hilaire s'élancent, une tempête de neige balaye le champ de bataille, aveuglant la troupe inca-

pable de se repérer. Par malchance, le vent souffle dans le dos des Russes et ce sont les Français qui subissent de plein fouet la bourrasque. Désorientés, ces derniers offrent alors le flanc aux 72 canons de l'artillerie ennemie.

Les colonnes françaises - 5 000 hommes environ – sont massacrées et il est probable que, dans la confusion, les batteries françaises aient tiré sur leurs propres armées. Le général Desjardin est tué, le général Heudelet blessé. Augereau lui-même doit être transporté au cimetière d'Eylau, blessé. La situation est critique et risque à ce stade de la bataille de virer au désastre. Une brèche est ouverte entre Napoléon, installé au sud d'Eylau, les troupes lancées dans la mêlée et le reste de l'armée. Profitant de la désorganisation des Français, 4 000 grenadiers russes attaquent le cimetière.

Les 80 escadrons chargent

« Quelle audace ! » s'exclame Napoléon qui intime l'ordre à Murat de mener une contre-attaque immédiate : « Te laisseras-tu dévorer par ces gens là ! » déclare Napoléon à son beau-frère. C'est la célèbre « charge des 80 escadrons », charge fantastique, « la plus extraordinaire des guerres de l'Empire ». Elle est composée des brigades légères de Colbert et de Bruyère, des dragons de Grouchy, de Klein et de Milhaud.

La bataille prend des allures de boucherie lorsque les Russes, qui avaient mis en réserve une partie de leur artillerie, ouvrent le feu, tirant sans distinction. Le général d'Hautpoul, héros de la veille, a la cuisse fracassée au cours de la troisième charge. Il mourra des suites de ses blessures. Pour cet aristocrate qui a commandé les armées de la Révolution avant de servir l'Empire, Napoléon demandera une inhumation au Panthéon. Ce qui fut fait. Il ordonnera

également que l'on érige une statue d'Hautpoul avec le bronze des canons récupérés à Eylau. Ce qui ne fut en revanche jamais exécuté.
Grâce à cette charge de cuirassiers, l'élan des Russes est amorti même s'ils continuent leur progression. Il faudra toute la fougue des cavaliers de la Garde, commandés par Bessières, et des grenadiers à cheval du colonel Lepic, puis l'entrée en lice des grenadiers à pied de la Garde, pour juguler l'avancée des Russes. Dorsenne refuse d'ouvrir le feu et lance : « Grenadiers, l'arme au bras ! La Vieille Garde ne se bat qu'à la baïonnette ! ». Les 4 000 soldats russes sont anéantis.

Nay arrive enfin

Napoléon pourrait alors porter l'estocade en attaquant le centre de l'ennemi mais il ne dispose plus que de huit bataillons de la Garde. Il craint l'arrivée des Prussiens de Lestocq et préfère attendre Ney. Dans le même temps, Davout parvient à contourner l'ennemi, s'élançant sur la route de Friedland. Aux environs de Klein-Sausgarten, les Prussiens de Lestocq, qui étaient poursuivis par Ney, tentent de déloger Davout, qui hurle : « Les lâches iront mourir en Sibérie ; les braves mourront ici en gens d'honneur ». La position reste aux mains des Français.
A 19 heures, ce 8 février, Ney tant espéré débouche enfin sur la droite de l'ennemi avec ses 10 000 hommes. L'annonce de son arrivée a un effet décisif. Bennigsen, qui a déjà amorcé un repli, donne l'ordre de retraite. Napoléon, toujours dans une maison à Eylau, est informé par Saint-Chamond de la retraite des Russes. C'est pour lui un immense soulagement. Mais l'arrivée tardive de Ney a privé l'Empereur d'une vraie victoire.

Une tuerie sans précédent

Une fois encore, il s'est révélé le meilleur stratège. Mais à quel prix ? La plaine d'Eylau est un immense charnier : 25 000 hommes perdus chez les Russes, 18 000 chez les Français. Napoléon lui-même est sous le choc. Le général Billon affirmera avoir vu les larmes couler sur le visage de l'Empereur. 14 000 blessés mourront, faute de soins. Les survivants en haillons se déplacent, contraints de passer sur les corps « pilés sous les pieds des chevaux de notre artillerie qui les enterrait vivants dans la boue ».

Napoléon comprend immédiatement le retentissement que peut avoir en Europe une telle hécatombe. Napoléon ne serait-il pas invincible ? A Paris, la Bourse chute. L'armée russe a fui mais elle est loin d'être anéantie.

Les deux camps se proclament victorieux. Bennigsen n'écrit-il pas immédiatement au Tsar pour lui annoncer la nouvelle : « La bravoure et le courage inébranlable des Russes ont arraché une victoire disputée depuis longtemps » ? De son côté, Napoléon, contrairement aux désirs de Murat et de Ney qui souhaitent poursuivre l'armée russe, décide de faire une pause. « L'armée va (...) rentrer dans ses quartiers d'hiver » (58e bulletin).

Napoléon est conscient de sa vulnérabilité. Son armée n'est plus en état de livrer bataille. Fait exceptionnel, Napoléon reste huit jours aux abords du champ de bataille. Il accorde un soin particulier à l'évacuation des blessés, mais sa présence est aussi affaire de communication.

Il consacre une partie de son temps à l'élaboration du récit de la bataille : Eylau doit être une victoire. La plaquette relatant les combats comprend un texte intitulé : « Relation de la bataille d'Eylau par un témoin oculaire, traduite de l'allemand ». Ce « témoin oculaire » n'est autre que Napoléon.

Eylau, victoire indécise, devint une victoire lorsque les troupes napoléoniennes écrasèrent les Russes à Friedland le 14 juin. Victoire complète et définitive. Les Russes perdirent 25 000 hommes et 25 généraux contre 7 000 Français. Le tsar Alexandre demandera alors à l'Empereur un armistice, prélude à la paix de Tilsit.

Chronologie (1807-1809)

1807 : 26 mai : prise de Dantzig ; **11 juin :** bataille d'Heilsberg contre les Russes ; **14 juin :** victoire de Friedland sur les Russes ; **16 juin :** prise de Königsberg ; **21 juin :** armistice de Tilsit ; **25 juin :** entrevue de Tilsit entre Napoléon et Alexandre Ier de Russie ; **7-9 juillet :** traités de Tilsit avec la Russie et la Prusse. Fin de la quatrième coalition et alliance franco-russe ; **12 octobre :** décision d'envahir le Portugal ; **19 novembre :** Junot pénètre au Portugal. Les troupes françaises transitent par l'Espagne, mais l'occupent en pratique ; **30 novembre :** prise de Lisbonne par Junot.

1808 : 18 mars : émeutes d'Aranjuez contre les Français ; **19 mars :** abdication de Charles IV d'Espagne en faveur de son fils Ferdinand VII ; **2 et 3 mai :** révolte antifrançaise des *Dos de Mayo* » et *Tres de Mayo* contre les Français à Madrid. Dure répression par Murat ; **4 juin :** Joseph Bonaparte, roi de Naples, est nommé roi d'Espagne, Murat le remplace sur le trône de Naples ; **14 juillet :** victoire de Bessières à Medina del Rio Seco sur les Espagnols ; **20 juillet :** entrée de Joseph à Madrid ; **22 juillet :** capitulation de Dupont à Baylen. Joseph quitte sa capitale ; **1er août** débarquement des Britanniques de Wellesley (Wellington) au Mondego (Portugal) ; **30 août :** capitulation de Junot à Cintra (Portugal) ; **27 septembre-14 octobre :** entrevue d'Erfurt entre Napoléon et le tsar Alexandre, renouvellement de l'alliance franco-russe ; **4 novembre :** Napoléon en Espagne ; .**10 novembre :** victoire de Burgos sur les Espagnols ; **30 novembre :** victoire de Somo Sierra sur les Espagnols ; **4 décembre :** entrée de Napoléon à Madrid.

1809 : 16 janvier : rembarquement du corps expéditionnaire britannique d'Espagne ; **21 février :** capitulation de Saragosse.

7. Espagne : « C'est une œuvre méritoire que d'assassiner un Français »

par Bartolomé Bennassar.

Embuscades dans les campagnes, sièges des villes, la guerre en Espagne a laissé des souvenirs terribles. Des soldats français témoignent des atrocités espagnoles ; les Espagnols prennent en haine Napoléon et ses hommes. Parmi eux, Goya, qui laisse des tableaux d'une rare intensité.

Ce n'est pas une révélation mais un lieu commun : la guerre dite d'Indépendance, déclenchée en Espagne par les soulèvements des 2 et 3 mai 1808 n'a ressemblé en rien aux autres « guerres napoléoniennes », encore que la seconde partie de la campagne de Russie présente quelques analogies. Dans la péninsule pas de grandes batailles, du genre de Wagram, Austerlitz ou Iéna, entre armées professionnelles, bien ordonnées. Mais une profusion de coups de main, d'embuscades, de pièges, de ruses : la guérilla. Ajoutons à cette guerre rurale, les sièges prolongés de plusieurs villes où le combat devient acharné, impitoyable, où chaque maison est un enjeu : Saragosse, Gérone notamment.

Récits de Français

Nous possédons un très grand nombre de récits précis, qui émanent pour la plupart des combattants français de cette guerre. Le catalogue, incontournable, dressé par Jean Tulard, nous propose un florilège d'exemples, dont certains décrivent parfaitement la guérilla et ses horreurs, atrocités des partisans espagnols ou représailles féroces des troupes françaises[10].

Entre bien d'autres, les *Mémoires d'un apothicaire sur la guerre d'Espagne,* de Sébastien Blaze ; *Les Carnets du capitaine Coignet*, avec le terrible épisode du clocher de Burgos, ou les *Souvenirs de la guerre dite d'Indépendance* qu'Antoine-Laurent-Apollinaire Fée, pharmacien principal des armées, publia après être revenu en Espagne[11]. Sans oublier la vision qu'eut la duchesse d'Abrantès du siège de Saragosse[12].

Goya, mémoire de l'Espagne

Mais il y eut aussi une mémoire « espagnole ». On pense aussitôt à l'œuvre de Goya. Il est admis par tous les spécialistes que le peintre aragonais commença par collaborer avec les Français : il peignit l'effigie du roi Joseph dans *l'Allégorie de la ville de Madrid.* Mais, simultanément, il peignait, en quelque sorte clandestinement, l'allégorie du *Colosse* (musée du Prado), qui résume la violence de la guerre, et les quatre-vingt-deux gravures des *Désastres de la guerre.*

Lucienne Domergue écrit : « La guerre omniprésente nivelle tous les êtres dans son horreur, dans leur horreur, car assez rares y sont les scènes de lutte active exaltant le cou-

10 Jean Tulard, *Nouvelle Bibliographie critique des Mémoires sur l'époque napoléonienne*, Droz.

11 Sébastien Blaze, *Mémoires d'un apothicaire sur la guerre d'Espagne*, Ladvocat, 1828. Jean-Roch Coignet, *Les Cahiers du capitaine Coignet*, Auxerre, Perriquet, 1851-1853. Antoine-Laurent-Apollinaire Fée, *Souvenirs de la guerre d'Espagne dite d'Indépendance*, Berger-Levrault, 1856.

12 *Mémoires de la duchesse d'Abrantès,* Ladvocat.

rage du peuple guérillero ». Elle ajoute : « c'est la violence de l'envahisseur qui est montrée jusqu'à la satiété[13] ».

Si la série ne comporte que trois « actions de guerre », celles-ci sont fertiles en « brutalités insensées et gratuites : on fusille, on pend, on dépèce, on viole, on s'acharne sur les morts, on dépouille les cadavres, on assassine des moines…[14] » La portée de la protestation de l'artiste est d'autant plus grande que Goya n'a pas épargné ses compatriotes : « c'est l'autre face d'une même barbarie, légale ou non, faite d'exécutions sommaires, émanant d'une populace rendue féroce »[15].

Et, en 1814, au lendemain de la restauration de Ferdinand VII, Goya reçoit commande des deux grands tableaux qui immortalisent le soulèvement : ce sont *La Lutte du 2 mai à Madrid* et *Les Fusillades de la montagne de Principe Pio,* connues sous les noms de *Dos de Mayo* et *Tres de Mayo.* Or, il s'agit là d'épisodes qui vont entretenir pendant des décennies la haine de la France et des Français. Lors de sa visite à Madrid en 1838, le baron Charles Dembowski entre dans l'église du Buen Retiro où s'était établi le conseil de guerre français et lit sur la pierre sépulcrale cette inscription : « Ici reposent les Espagnols sacrifiés dans cette maison et les environs par les Français dans la journée du 2 mai 1808. Priez pour leurs âmes »[16].

13 Lucienne Domergue, in *Histoire des Espagnols*, dir. Bartolomé Bennassar, Armand Colin, tome II, p. 133.

14 *Idem.*

15 *Idem.*

16 Charles Dembovski, *Deux ans en Espagne et au Portugal pendant la guerre civile*, Gosselin, 1841.

Perez Galdos, le Zola espagnol

Et Antoine Fée, lorsqu'il revient au cours des années cinquante dans la capitale espagnole, voit dans la rue San Jeronimo, à son débouché dans le Prado, « un monument funèbre… destiné à consacrer le souvenir de la révolte de Madrid, si énergiquement et si promptement réprimée… »[17], les toiles et les gravures de Goya, le monument qui exalte le sacrifice de Daoiz et de Velarde, les deux officiers qui déclenchèrent le soulèvement. Et aussi la littérature : un seul exemple, mais capital, celui de Benito Perez Galdos (1843-1920).

Cet écrivain, que l'on peut considérer comme le Zola espagnol, était le fils d'un ancien combattant de la guerre d'Indépendance. Or, lorsqu'il conçoit son gigantesque projet de reconstruction historique par le biais du roman réaliste, il choisit de consacrer les dix premiers volumes de ses *Episodios Nacionales* (quarante-six au total) à la guerre d'Indépendance : les titres de ces livres, publiés dans les années 1873-1875, sont significatifs : *Bailen, Zaragoza* (Saragosse), *Gerona, Juan Martin el Empecinado*[18]…

L'œuvre de Perez Galdos, cependant républicain et anticlérical, entretient ainsi la mémoire puissante de la résistance à Napoléon et aux armées françaises. En même temps, l'auteur était parfaitement conscient des effets pervers de cette guerre.

Jean-René Aymes a extrait cette réflexion d'une admirable lucidité de l'un des romans de Perez Galdos : « La guerre d'Indépendance fut la grande académie du désordre.

17 Antoine Louis-Apollinaire Fée, *L'Espagne à cinquante ans d'intervalle (1809-1859)*, Lévy, 1861.

18 El Empecinado fut l'un des plus fameux chefs guérilleros de 1808.

Personne ne lui dispute sa gloire, non monsieur ; il est possible que, sans les guérilleros, la dynastie intruse se fût implantée en Espagne, au moins jusqu'à la Restauration en France. C'est à eux que l'on doit la permanence de la nation, le respect que le nom d'Espagne inspire encore aux étrangers et cette certitude vaniteuse mais fondée que nous avons eue pendant un demi-siècle que personne n'oserait nous chercher noise. Mais la guerre d'Indépendance, je le répète, fut la grande école d'apprentissage des caudillos ; c'est là que les Espagnols (...) s'initièrent à la science de l'insurrection et les merveilles d'alors, nous les avons pleurées ensuite avec des larmes de sang ».[19]

Le libérateur devient *Napoladron*

Que dire alors de la littérature populaire. On a cité souvent le fameux *Catéchisme espagnol* de 1808, où le répondant aux questions du confesseur assure que les Français sont « d'anciens chrétiens devenus de modernes hérétiques », victimes de la fausse philosophie et d'un empereur « principe de tous les maux, fin de tous les biens et dépositaire de tous les vices », de telle sorte que c'est faire « œuvre méritoire » que d'assassiner un Français. Napoléon devint pour longtemps *Napoladron,* jeu de mots signifiant « Napovoleur » et plusieurs chansons, moqueuses, voire insultantes pour les Français, eurent un succès durable : le *Bon-Bon,* le *Cucurucu* ou la *Marica*, par exemple...

Il faut ajouter que la restauration de Ferdinand VII en 1814 fut l'occasion d'une profusion de publications visant à dévaloriser l'image de la France révolutionnaire en général, celle

19 Cité par J.-R. Aymes, *La Guerre d'Indépendance espagnole (1808-1814),* Bordas, 1973.

des *afrancesados* (les traîtres réfugiés en France) et de revaloriser la religion. A.-L.-A. Fée rappelle que la haine de Napoléon se substitua à la grande admiration dont jouissait l'Empereur en Espagne avant 1808, à tel point qu'il s'agissait à son égard d'une « sorte d'idolâtrie » et qu'il fut « salué à son entrée en Espagne du beau nom de libérateur » car on était las de la cour dissolue.

Un « ennemi irréconciliable »

Il était donc possible de se faire de l'Espagne un allié fidèle alors que les fautes de Napoléon et de ses généraux en firent un « ennemi irréconciliable ». Fée donne en exemple le cas de son hôte de Chiclana, don Antonio Munoz, « jadis partisan des Français et de leur chef » mais « qui n'avait plus au cœur que de la haine ». Munoz déclare à Fée qu'avant il aimait Dieu et l'empereur des Français et en tant que chrétien désirait faire son salut. Mais désormais, il souhaitait brûler en enfer pour le seul plaisir de voir griller à son côté « ce démon de Napoléon »[20].

Le même Fée visite en 1859 une chartreuse du nord de l'Espagne. On lui montre ça et là des mutilations « des pans de murs vides des cadres qui les couvraient ; on m'a parlé d'ornements enlevés, de manuscrits précieux détruits. Ces accusations se dirigeaient contre notre armée (...) »[21]. Il est certain que l'un des griefs les plus durables, et qui demeura lorsque s'estompa la mémoire des massacres et des morts, encore perceptible aujourd'hui lors de la visite de certains monuments (palais, églises, couvents) ou musées, concerne le vandalisme et les vols d'œuvres d'art.

20 Antoine-Louis-Apollinaire Fée, *L'Espagne*, *op. cit.*
21 *Idem.*

L'armée de Soult et son chef se distinguèrent dans cet exercice. En 1840, la vente de la collection Soult à Paris, où furent exposées plusieurs des toiles raflées pendant la guerre, vint raviver ces rancœurs.

Murat élevé au rang d'Antéchrist

Les sentiments d'hostilité violente, désormais minoritaires, étaient observables dans la population bien des décennies après la fin de la guerre. Lors de son séjour en Espagne de 1838 à 1840. Charles Dembowski découvre à Malaga « un type du patriote de la guerre de l'Indépendance après lequel je courais en vain depuis mon entrée en Espagne.» Il s'agit de don Paco qui gagnait sa vie en donnant des leçons de piano et de chant.

Ce respectable vieillard sortait de ses gonds si on lui parlait de Napoléon ! « Le senor don Paco se redresse sur ses soixante-quinze ans, secoue sa blanche crinière et il faut l'entendre : le nom de l'Empereur ne sort plus de sa bouche que transformé en *Napoladron,* Joseph devient le grand coquin [*gran pillo*], Murat l'Antéchrist ». Il s'en prend plus violemment aux *afrancesados,* brûle le calendrier parce qu'y figure un saint Napoléon et « poursuit cette grande ombre d'une haine tellement implacable qu'il se refuse à croire que Dieu ait pu lui pardonner ses crimes innombrables ». Don Paco, qui avait composé une chanson « ironiquement complimenteuse » pour être chantée par les demoiselles de Malaga « pendant l'occupation de ces maudits Français », se ferait même More s'il savait que Dieu eût reçu le mauvais dans son saint paradis[22]. Toutefois, il s'agit de survivances minoritaires.

22 Charles Dembovski, *op. cit.*

Le siège de Saragosse, selon Laure Junot

« Ce siège était affreux. Aux ennuis de sa position, Junot eut bientôt à ajouter qu'elle n'était pas comprise. Il reçut de l'Empereur ainsi que je l'ai déjà dit des lettres véritablement étonnantes, car enfin il devait savoir par les rapports mêmes qu'on lui adressait directement le résultat des opérations. Et alors comment pouvaient aller des troupes qu'on menait contre des cadavres putréfiés, ou bien des maisons dont s'échappaient des milliers de balles, sans qu'on pût les deviner autrement que par la mort qu'elles apportaient toujours à coup sûr (...).

Saragosse pris, les cinquante mille cadavres empestés jetés dans l'Èbre ou dans des fosses[24], une sorte de tranquillité sourde rétablie dans la ville, les moines furent examinés dans leur conduite passée pour faire un exemple. C'était une mesure qu'on jugeait nécessaire. A la bonne heure. Mais, si elle était nécessaire, elle pouvait opérer plus de mal que produire du bien, surtout en l'exécutant comme on fit. On mit des moines dans des sacs, puis on les jeta dans l'Èbre. L'Èbre, qui n'aime pas ces poissons-là, les rejeta sur la rive et le peuple de Saragosse put voir ses moines étranglés et noyés. Cela fit un effet détestable (...). »

24 Exagération évidente.

Selon Dembowski, en ces années 1838-40, « les Espagnols citent avec un juste orgueil les prodiges de la défense nationale, mais il déplorent en même temps la nécessité de cette guerre fatale à leur pays » et certains regrettent Napoléon tant est lamentable le bilan de la restauration fernandine. A Majorque, le baron rencontre le prieur du monastère de Lluch qui lui tient le même langage, dit grand mal de

23 *Idem.*

Ferdinand VII… « Toute glorieuse qu'a été pour nous la guerre de l'Indépendance, les résultats ne répondirent malheureusement pas à l'attente du pays. »[23] La guerre avait démontré les qualités conservées du peuple espagnol mais elle avait aussi favorisé le retour aux pires méthodes de gouvernement.

Afrancesados et collabos

Paul Morand écrivit, en 1949, un roman, *le Flagellant de Séville*, évoquant la guerre d'Espagne et l'histoire des *afrancesados*. L'occasion était belle pour l'ancien ambassadeur de Vichy, d'évoquer d'autres collaborateurs. Il évoque le départ des *afrancesados* qui s'élancent derrière l'armée française : ils s'étaient trop exposés pour elle. « C'était la retraite des quinze mille compromis. Ils (...) représentaient toutes les nuances d'un amour impossible, toutes les formes de l'hybride accouplement France-Espagne. Beaucoup avaient, derrière le roi intrus, quitté Madrid pour Valence, puis Valence pour un nouveau et court retour à Madrid, et ceux-là ne s'étonnaient plus de rien(...). Les autres étaient encore dans la phase où l'on pleure sa maison, séquestrée, gibier forcé qui craint les haines provinciales sans même imaginer encore jusqu'où elles vont et quelle allait être la barbarie des nouveaux tyranneaux que les troupes britanniques, indifférentes, laissaient s'installer dans une revanche longuement recuite (...). Mais combien d'autres manquaient qui eussent centuplé le chiffre des présents : les plus gros poissons, (...) les complices plus blasés entraînés aux retournements de veste, les grands commis, les hypocrites, les malins, les cyniques, (...) les seigneurs appuyés sur plusieurs familles, ou encore les joueurs irréfléchis, les étourdis , (...) enfin les plus nombreux, ceux qui ayant versé d'avance le prix de leur impunité (...), étaient restés dans leur lit. »

Les *afrancesados* se retrouveront à Bordeaux, attendant avec l'aide des subsides de Joseph, le pardon de Ferdinand VII. Leur destin nous est connu par la grâce de Goya qui vint terminer ses jours parmi eux, parce qu'il étouffait dans le Madrid reconquis.

Cl. P.

Chronologie (1809)

1809 : Janvier-mars : cinquième coalition contre Napoléon (Grande-Bretagne, Autriche, Espagne, Portugal) ; **29 mars :** prise de Porto par Soult ; **8 avril :** les Autrichiens entrent en Bavière, sans déclaration de guerre ; **20 avril :** victoire d'Abensberg sur les Autrichiens ; **21 avril :** victoire de Landshut sur les Autrichiens ; **22 avril :** victoire d'Eckmühl sur les Autrichiens ; **23 avril :** prise de Ratisbonne. Napoléon est blessé ; **3 mai** : victoire d'Ebersberg sur les Autrichiens ; **8 mai :** victoire de la Piave sur les Autrichiens d'Italie ; **12 mai :** capitulation de Vienne ; **17 mai :** décret de Schönbrunn annexant les États pontificaux ; **21-22 mai :** défaite d'Essling par les Autrichiens de l'archiduc Charles ; **14 juin :** victoire du Raab sur l'armée autrichienne d'Italie ; **5-6 juillet :** victoire de **WAGRAM** sur les Autrichiens.

8. Wagram 1809 : une victoire chèrement acquise

par Jacques Garnier.

1809 : Napoléon affronte la cinquième coalition. L'ennemi principal est l'Autriche, qui a trouvé en l'archiduc Charles un général de valeur. C'est sur le Danube, à Esslling, que ce dernier inflige à l'Empereur sa première défaite, du 20 au 22 mai. C'est sur le Danube que Napoléon est bien décidé à écraser l'adversaire. C'est la bataille de Wagram, les 5 et 6 juillet. Napoléon, qui se trouve pendant l'action au centre du dispositif, n'est informé qu'avec retard de ce qui se passe sur son aile gauche (Masséna) et sur son aile droite (Davout). Les deux chefs possèdent une certaine autonomie de décision et d'action. Il est donc intéressant de suivre la bataille à travers le témoignage inédit du maréchal Davout.

Wagram (Autriche) :

Début : mercredi 5 juillet 1809 vers 10 heures. Fin : jeudi 6 juillet vers 20 heures

Forces françaises : Napoléon (Oudinot, Davout, Masséna, Eugène de Beauharnais, Macdonald, Bernadotte, Marmont, Walther, Bessières), 190 000 hommes, dont de nombreux étrangers (Italiens, Saxons, Bavarois, etc.). Forces autrichiennes : archiduc Charles (Nordmann, Klenau, Reuss, Kollowrath, Liechtenstein, Bellegarde, Hohenzollern-Hechingen, Rosenberg), 136 000 hommes.

Rappelons les faits. A la fin de 1808, l'Angleterre essaie à nouveau d'entraîner les puissances contre la France. Seule l'Autriche accepte. Napoléon doit donc revenir d'urgence d'Espagne et organise une armée de 200 000 hommes (100 000 Français, 100 000 étrangers).

La campagne va comporter trois périodes distinctes : une concentration initiale de la Grande Armée destinée à répondre aux projets offensifs de l'Autriche, tant en Allemagne qu'en Italie ; une manœuvre autour de Landshut, destinée à contourner l'ennemi par le sud et à le séparer de sa capitale ; enfin, des tentatives depuis Vienne pour passer sur la rive nord du Danube et tenter d'obtenir une bataille déterminante contre l'armée du prince Charles, frère de l'empereur d'Autriche François Ier, et « l'un des rares génies militaires que produisit la maison d'Autriche » (Jean Bérenger). Napoléon, poursuivant son idée de désorganisation psychologique des forces autrichiennes par une marche sur leur capitale, entre dans Vienne le 12 mai avec la Grande Armée.

L'île Lobau, véritable forteresse

Malheureusement, la situation est alors exactement celle qu'il avait essayé d'éviter depuis le début de la campagne : l'armée ennemie n'est entamée ni physiquement, ni moralement. Il est donc impératif de régler le problème par une grande bataille, qui aura fatalement lieu près de Vienne, puisque c'est là que se trouve l'armée autrichienne.
Après l'échec d'Essling (21-22 mai 1809), l'armée française s'était repliée dans l'île Lobau, située sur le Danube, immédiatement à l'est de Vienne (dont elle fait maintenant partie de l'agglomération). Cette île mesure 6 km de long sur 4 de

large. En partie boisée, elle est séparée de la rive nord du fleuve (où se trouve Wagram) par un bras assez étroit, favorisant le passage. Les Français lui donnent alors le nom d'île Napoléon. Le mois de juin est employé à transformer l'île en une véritable forteresse, défendue par 109 canons, et à préparer un nouveau passage du Danube, pour se porter à la hauteur des Autrichiens, restés sur la rive nord.

Le champ de bataille se présente comme une vaste plaine, limitée au sud par le Danube, au nord par le Russbach, ruisseau formant un creux de un à deux mètres (sa rive nord, après une étroite terrasse, se poursuit par un escarpement en pente raide de la même hauteur), à l'ouest par les hauteurs de Gerersdorf. Pendant la bataille, qui va durer deux jours, l'armée du prince Charles est disposée sous forme d'un angle rentrant, sa droite entre le Danube et Wagram, sa gauche sur l'épaulement au nord du Russbach, ce que Davout appelle le « rideau ».

Napoléon à Wagram

Napoléon passe la nuit du 5 au 6 juillet au bivouac, entre Groshofen et Raasdorf. Dès l'aube du 6, Napoléon parcourt le centre de sa ligne de front, en avant de Raasdorf. A 4 heures, lorsque Rosenberg attaque Neusiedel, à l'extrême droite du dispositif français, où se trouve Davout, Napoléon se rend au niveau de ce village. Il parcourt ensuite toute sa ligne et s'arrête près de Masséna, à l'est d'Aderklaa. Vers 6 heures, il revient près d'Eugène et Oudinot (centre du dispositif). A 11 heures, il est près de la division Lamarque . Vers midi, il dirige la « colonne Macdonald » sur Süssenbrunn, centre de l'armée autrichienne. A 15 heures, la victoire est acquise. Il passe la nuit au bivouac près d'Aderklaa.

Davout raconte l'échec du 5 mai

Le franchissement du Danube commence le 4 juillet, vers 21h30, sous une violente pluie d'orage.

Oudinot passe le premier, bientôt suivi de Masséna, puis de Davout, qui relate :

« Le 3e corps d'armée avait été réuni le 4 dans l'île Napoléon ; il en déboucha le 5 au point du jour sur deux ponts établis au dessous de l'île Alexandre et suivit le mouvement du 4e corps, à la droite duquel il se forma en bataille sur deux lignes, dans l'ordre suivant : la division Friant, ayant sa droite près de Wittau, et sa gauche dans la direction du 4e corps, formé en bataille sur la même ligne, et appuyant sa gauche au bras du Danube à la hauteur de l'Ile Alexandre ; la division Gudin, appuyant sa droite à la division Friant, et sa gauche au 4e corps ; la division Morand en seconde ligne derrière la division Friant ; la division Puthod en seconde ligne derrière la division Gudin.

Tandis que le corps d'armée adoptait cet ordre de bataille et que le duc de Rivoli s'emparait d'Enzersdorf, sa cavalerie légère aux ordres du général Lasalle, qui avait passé avec le duc de Rivoli, manœuvrait sur la droite du 3e corps et éclairait le pays jusqu'au Danube, poussant devant elle quelques escadrons ennemis (...).

L'ennemi occupait Glinzendorff avec de l'infanterie et de l'artillerie et était fortement appuyé par sa cavalerie qui se repliait devant le 3e corps ; il parut d'abord avoir le dessein de défendre le village ; mais intimidé par le feu de l'artillerie et l'approche des lignes d'infanterie françaises il évacua et se replia sur Marck-Graff-Neusiedel ; l'artillerie du 3e corps lui fit beaucoup de mal pendant ce mouvement rétrograde.

Les lignes françaises ayant dépassé Glizendorff firent halte ;

l'ennemi occupait en force le village de Marck-Graff-Neusiedel et le rideau qui borde la Russbach en avant de ce village ; il paraissait disposé à une vigoureuse résistance ; déjà son artillerie s'opposait à notre approche par un feu très vif ; il n'était plus douteux que les deux armées étaient en présence ; et que les Autrichiens étaient disposés à recevoir la bataille.

N'ayant point reçu ordre d'entreprendre une bataille de vive force, le duc d'Auerstädt[25] laissa l'infanterie en position et fit avancer à environ 300 toises de Marck-Graff-Neusiedel une quarantaine de bouches à feu soutenues par une forte ligne de tirailleurs, et tenta de chasser l'ennemi de ce village par une forte canonnade…

La nuit approchait, le duc d'Auerstädt ordonna que le feu cessât, que l'artillerie rentrât à ses divisions, et que les troupes établissent leurs bivouacs ».

La grande batterie de Wagram

De fait, l'attaque française du 5 juillet se solde par un échec. Le principal responsable en est le maréchal Bernadotte et son corps saxon.

La véritable bataille va donc devoir être engagée le 6 juillet. A l'aube, entre 4 et 5 heures, Rosenberg s'avance contre Davout sur trois colonnes, pour déborder la droite française. « A 10 heures du matin, le duc d'Auerstädt reçut de l'Empereur l'ordre d'attaquer la gauche de l'ennemi et de s'emparer de sa position. Il fit de suite ses dispositions pour cette attaque. Par un mouvement combiné de quatre divisions d'infanterie disposées sur deux lignes, avec des réserves protégées par plus de 100 bouches à feu et flan-

25 Davout lui-même.

quées sur leur droite par deux divisions de cavalerie, l'ennemi, attaqué sur un front considérable, devait nécessairement être mis dans l'impossibilité de manœuvrer pour réunir des forces supérieures sur un ou deux points, l'événement justifia cette attaque…»

Morand et Friant attaquent au centre

Vers 8 heures, Napoléon, tranquillisé sur le sort de sa droite, peut revenir vers son centre, où l'affrontement s'est résumé à un violent duel d'artillerie. Un ordre d'attaque immédiate est donné au prince Eugène et à Bernadotte.

De son côté, Masséna est chargé de contenir la tentative autrichienne de débordement de la droite française.

« Une charge fut d'abord tentée par le (…) régiment ; l'ennemi avait fait avancer deux carrés pour protéger ses troupes débandées ; le premier de ces carrés fut enfoncé ; le feu du second arrêta la charge des cuirassiers qui se replièrent par la gauche dans la plaine, et s'y rallièrent…

Dès lors le succès de l'attaque entreprise par le 3e corps ne pouvait plus être douteux, toutes les troupes étaient parfaitement établies sur le rideau, ayant leur droite couverte par la cavalerie des généraux Montbrun et Grouchy qui conservait tous ses avantages : il ne restait plus qu'à pousser l'ennemi avec vigueur pour ne pas lui laisser le temps de se reconnaître… »

Morand et Friant ont donc réussi à prendre pied sur le plateau.

L'attaque devient générale

Midi. Napoléon s'aperçoit que le feu du 3e corps dépasse la tour de Neusiedel. Immédiatement, il donne l'ordre à Masséna d'attaquer, et surtout lance la grande attaque cen-

trale de la colonne Macdonald, préparée par une canonnade. A 14 heures, l'offensive française devient générale.
18 heures. L'archiduc Charles prend la sage décision d'ordonner la retraite avant d'être complètement battu. A 20 heures, la victoire est acquise pour Napoléon et sa valeureuse armée mais la cavalerie française, harassée et dispersée, n'est pas en mesure de poursuivre l'armée ennemie.

Grande victoire, certes, mais chèrement payée et sans résultat tactique définitif, puisque l'archiduc et son armée ont pu s'échapper à temps. Elle marque le début de l'ère des victoires difficiles et trop coûteuses en vies humaines.

Chronologie (1809-1812)

1809 : 12 juillet : armistice de Znaïm avec les Autrichiens ; **14 octobre :** paix de Vienne avec l'Autriche. Fin de la cinquième coalition ; **10 décembre :** capitulation de Gérone ; **15 décembre :** divorce de Napoléon et de Joséphine.

1810 : 1er février : prise de Séville par Soult ; **2 avril :** mariage de Napoléon et de Marie-Louise d'Autriche ; **27 septembre :** défaite de Busaco (Portugal) par les Britanniques de Wellington ; **21 octobre :** Bernadotte élu prince héritier de Suède.

1811 : 20 mars : naissance du roi de Rome ; **3 mai :** victoire inutile de Fuentes de Onoro (Portugal) sur les Britanniques ; **16 mai :** défaite d'Albufera (Espagne) par les Britanniques.

1812 : 19 janvier : prise de Ciudad Rodrigo (Espagne) par Wellington ; **8 février :** Napoléon donne l'ordre d'acheminer la nouvelle Grande Armée vers la Vistule ; **24 février :** alliance entre l'Empire et la Prusse ; **14 mars :** alliance entre l'Empire et l'Autriche ; **8 avril :** ultimatum du tsar qui exige l'évacuation de la Prusse, de la Poméranie suédoise, le retrait des troupes françaises derrière l'Elbe ; **24 juin :** la Grande Armée passe le Niémen ; **18 août :** entrée à Smolensk ; **7 septembre :** victoire de la Moskowa ; **14 septembre :** entrée des Français à Moscou ; **15 septembre :** l'Empereur s'installe au Kremlin. Début de l'incendie de Moscou ; **19 octobre :** Napoléon décide la retraite ; **23 octobre :** coup d'État manqué du général Malet à Paris ; **24 octobre :** combat de Maloïaroslavets ; **16-19 novembre :** victoire de Krasnoïé ; **27-29 novembre :** passage de la **BEREZINA**.

9. La Berezina 1812 : le passage héroïque

par André Castelot.

1812 : après avoir remporté la bataille de la Moskowa qui lui ouvre les portes de Moscou, Napoléon assiste inpuissant à l'incendie dévastateur de la ville. Le retour s'impose. Le 19 octobre commence la grande retraite. Et le calvaire de la Grande Armée. La victoire d'Eugène de Beauharnais à Maloïaroslavets (24 octobre) n'a rien réglé. « Je bats toujours les Russes, et cela ne termine rien », constate Napoléon. L'Empereur pourrait percer au sud vers Kalougha. Il choisit la voie de l'est, par Smolensk. La neige, qui tombe depuis le début de novembre, le froid, la famine, et le harcèlement des Russes transforment la retraite en cauchemar. C'est une armée de fantômes qui se présente sur la Berezina. Et pourtant, il faut passer.

La Berezina (Biélorussie) :
Du jeudi 26 novembre au dimanche 29 novembre 1812
Forces françaises : environ 50 000 hommes et de nombreux traînards désarmés. Forces russes : armées de Tchitchagov, sur la Berezina (34 000 hommes), de Wittgenstein (30 000 hommes), de Koutouzov (80 000 hommes).
Pertes françaises : 25 000 combattants et de 20 à 30 000 non-combattants. Pertes russes : 20 000 hommes.

Le 25 novembre 1812, alignés sur le côté droit de la route conduisant à Borisov, bourg situé sur les bords de la Berezina, les 20 000 hommes du maréchal Victor attendent la Grande Armée. Le corps de réserve de Victor – le 2e corps – comme celui d'Oudinot – le 9e – n'avaient pas progressé jusqu'à Moscou. Napoléon, qui avait quitté Moscou le 19 octobre, leur avait donné rendez-vous sur les bords de la Berezina, afin de couvrir la retraite, tandis que l'on passerait la rivière par le pont de Borisov.

Les soldats de Victor demeurent en bon ordre. Sans doute se sont-ils battus avec des fortunes diverses contre les Russes de Wittgenstein, sans doute, après une brève accalmie, le froid est-il de nouveau très vif, mais à Smolensk ils se sont repus et, depuis lors, les approvisionnements n'ont pas été trop mauvais pour eux. L'artillerie et la cavalerie du maréchal Victor, comme celles d'Oudinot, sont encore superbes et vont faire l'admiration de Caulaincourt. Les généraux, les officiers possèdent tous leurs équipages.

Napoléon à la Berezina

Le 25 novembre 1812, vers 17 heures, Napoléon entre à Borisov, bourg situé au bord de la Berezina, au sud du lieu où aura lieu le passage. Le 26, il est à cheval dès 5 heures. A 7 heures, il est à Studianka et ordonne la construction de deux ponts. Le 27, il reste toute la matinée à Studianka pour diriger le passage. Il se rend ensuite sur la rive gauche de la rivière et rend visite à Oudinot. La nuit du 27 au 28, il dort à Zaniwki, sur la rive droite. La journée du 28, Napoléon est à Brilow, à 1 km au nord de Zaniwki, avec la Garde, pour couvrir les opérations de passage de la Berezina. Il reviendra coucher à Zaniwki.

Ils attendent. Et brusquement, à leurs regards horrifiés, apparaît une traînée de spectres revêtus de lambeaux, accoutrés de tenues sans nom. Visages décharnés, visages hérissés de barbe, les yeux fixes, les pieds enveloppés de paille, entortillés de chiffons, ils marchent, tels des captifs, en silence. Et parmi eux, un bâton à la main, s'avance le maître… Suivent des voitures disparates surchargées de blessés et traînées par des ombres de chevaux. Cette horde, c'est la Grande Armée. Les soldats du maréchal Victor, la gorge serrée par la pitié, les yeux pleins de larmes, regardent défiler lentement devant eux ces images de l'atroce désastre.

Une armée fantôme

A la fois sur la rive droite de la Berezina et sur la rive gauche – du même côté que celui où se trouve Napoléon – 120 000 Russes vont opérer leur jonction et préparent la curée. Bien sûr, les armées de Tchitchakov, de Wittgenstein et de Koutouzov ont-elles, elles aussi, souffert du terrible froid, mais l'ennemi n'a pas eu sa marche encombrée de traînards, et les unités ne suivent pas à la débandade.

Napoléon, lui, ne peut compter que sur les 5 000 ou 6 000 hommes de la Garde, sur les 20 000 hommes amenés par Victor et par Oudinot et sur la poignée de Polonais de Dombrowski qui se sont repliés après la prise de Borisov. Il est difficile d'essayer de dénombrer les combattants de la Grande Armée, capables, hors la Garde, de tenir un fusil. Assurément, pas plus de 3 000 hommes armés et disciplinés sous les ordres de Ney et de Davout. Quant au roi Murat, qui avait commencé la campagne à la tête de 50 000 cavaliers, il y a longtemps que la plupart de ses chevaux ont été mangés ou attelés aux canons !

120 000 hommes prêts à fondre sur 26 000 à 30 000 combattants affamés, transis de froid, et sur 40 000 traînards à demi-moribonds, 40 000 malades aux membres gelés ! Il semble impossible que la Grande Armée, entassée dans un espace de quinze lieues carrées, arrive à s'échapper ! « Je doute, s'est exclamé Worontzov, que ce monstre de Napoléon puisse éviter la mort ou la captivité ! »

Il faut vite trouver un gué.

Le soir du 25 novembre, l'Empereur s'installe dans la métairie du Vieux-Borisov, où demeure le baron Korsach, l'intendant des Radziwill. Puis, Napoléon, accompagné de Caulaincourt, s'avance sur la partie du pont de Borisov, qui n'a pas sauté. L'ouvrage a été détruit à trois endroits[26].

Les deux hommes s'arrêtent sur la première brèche. Au-dessous d'eux roule le flot noir de la Berezina dont les eaux – elles ne sont pas encore prises par le gel – charrient d'énormes glaçons. Des îlots bas divisent la rivière en de multiples bras et les rives marécageuses portent la distance à franchir à plus de sept cents mètres. En face d'eux, sur la rive droite – vers la route qui conduit actuellement à la gare de Borisov – les batteries de l'amiral Tchitchakov tiennent sous leurs feux l'emplacement de l'ancien pont.

Sans doute, s'il faut en croire Ségur, les canons de la Garde auraient-ils pu les neutraliser, mais un duel d'artillerie aurait causé de nouvelles pertes et gêné l'action des pontonniers ! Aussi ne peut-il être question de reconstruire l'ouvrage et de franchir la rivière à cet endroit. Il faut donc chercher un

26 Il ne sera pas reconstruit. Un autre ouvrage a pris sa place, à vingt mètres en aval, mais j'ai pu deviner encore sous les eaux les chevalets du pont incendié le 23 novembre 1812.

gué tout en « battant l'estrade » à Borisov même et, en aval, vers Oukoloda, afin de faire croire aux Russes que l'on se prépare à la fois à réparer le pont détruit et à ménager un autre passage en descendant la rivière vers le Dniepr. Trouver un gué ! Et rapidement, car le temps presse !

Si l'amiral Tchitchakov se contente d'observer les Français, Wittgenstein, lui, peut d'un instant à l'autre attaquer violemment le corps de Victor, tandis qu'il est loisible à Koutouzov de se lancer à l'assaut à la fois de l'arrière-garde et du flanc gauche de la Grande Armée – ou plutôt ce qu'il en reste.

Corbineau trouve le passage

C'est alors qu'intervient un hasard miraculeux. Le général Corbineau, ayant trouvé Borisov occupé par les Russes, remonte avec sa brigade fantôme les rives boisées de la rivière, et se cache dans la forêt. Sous le couvert, il rencontre un paysan lithuanien dont le cheval est trempé jusqu'au poitrail. Il y a donc un gué dans ce secteur. Le paysan – de gré ou de force – accepte de conduire le général devant un endroit, situé à cinq lieues au-dessus de Borisov, devant le village de Studianka, et en face du hameau de Bytchi.

Là, en dépit d'une rive droite marécageuse – elle est aujourd'hui assainie et plantée d'arbres –, on peut, en effet, traverser la Berezina, guère plus large que la rue Royale à Paris, en ayant seulement de l'eau jusqu'aux aisselles. Corbineau se jette courageusement dans l'eau glacée, perd soixante-dix cavaliers emportés par le courant, mais la majeure partie de sa brigade parvient à prendre pied sur la rive droite de la rivière. Il est donc possible de construire à cet endroit des ponts sur chevalets.

« J'ai trompé l'amiral »

Napoléon donne l'ordre aussitôt au général du corps du génie Éblé et au général Dode, commandant le génie du maréchal Victor, de se mettre au travail, tandis que l'on continuera à « amuser » les Russes devant Borisov. Dès la nuit du 25 au 26 novembre, 400 pontonniers se trouvent à pied d'œuvre et, complètement nus, de l'eau jusqu'aux épaules, se mettent à construire des chevalets et à les poser sur le lit fangeux de la Berezina – et cela sans prendre garde aux glaçons que charrie la rivière. « Quelques-uns tombent morts et disparaissent dans le courant, a raconté le grenadier Pils, sans que le spectacle de cette fin tragique amollisse l'énergie de leurs camarades ».

Cependant, de l'autre côté du cours d'eau, on distingue les feux des bivouacs de l'armée russe. Il s'agit de la division Tchaplitz, forte de 6 000 hommes… A la stupéfaction générale, les Russes, croyant à une ruse, viennent de lever le camp pour masser toutes leurs forces en face de Borisov et, en aval, devant Oukoloda ! Les Français poussent des cris de joie. Rapp et Oudinot courent chez l'Empereur :

« Sire, l'armée russe vient de lever le camp et de quitter sa position.

– Ce n'est pas possible ! »

Napoléon sort de son quartier général – la ferme appartenant au prince Radziwill – et court à la rivière. Il arrive juste à temps pour voir disparaître au loin la queue de la colonne de Tchaplitz !

« J'ai trompé l'amiral ! »

Tout à l'heure la capture d'un prisonnier permettra de constater que Tchitchakov avait été trompé au point de faire replier les troupes de Tchaplitz et de ne pas laisser un seul observateur face à Studianka ! Doublement trompé même, puisqu'on lui avait sans doute rapporté que les Français s'agitaient du côté de Studianka, mais qu'il avait cru qu'il s'agissait là d'une feinte destinée à le berner : c'est à Borisov que le passage se ferait ! C'est devant Borisov qu'il maintiendrait une force de 27 000 hommes !

Les Russes ne bougent pas

Napoléon doit s'assurer de la rive droite. Aussi ordonne-t-il à 50 cavaliers du 7e chasseurs de prendre chacun un voltigeur en croupe et de traverser la Berezina pour seconder la brigade de Corbineau et établir une tête de pont. Malgré les glaçons qui ensanglantent le poitrail et les flancs des chevaux, les chasseurs parviennent sur l'autre berge. Après plusieurs voyages effectués, tant à cheval qu'à bord de radeaux hâtivement construits, 400 hommes occupent la rive opposée.

Pendant ce temps, au nord, sur la rive gauche, le corps du maréchal Victor maintient toujours Wittgenstein à distance respectueuse. Quant à Koutouzov, il paraît frappé de léthargie. Il a abandonné toute poursuite depuis quatre jours et ne semble nullement se rendre compte qu'en fonçant vers la Berezina, distante pour lui de cent quinze kilomètres, il pourrait remporter une victoire totale.

Le 26, dans l'après-midi, le premier pont est terminé et les 9 300 hommes du corps d'Oudinot traversent la rivière. Un autre passage, celui réservé aux canons, au charroi et aux voitures – il en restait –, va être achevé vers quatre heures de l'après-midi. Mais, le soir même, les eaux en crue emportent une partie de l'ouvrage. Le pont devait se briser encore le lendemain à deux autres reprises. Chaque fois, les pontonniers se jetteront dans l'eau, dont le niveau va bientôt atteindre un mètre soixante de hauteur, et travailleront au milieu des glaçons.

L'affreux spectacle des traînards

Les 40 000 traînards campent sur les rives et se battent pour s'arracher quelques morceaux de pain. Les maisons de Studianka et la forêt voisine leur ont fourni du bois. Pour la première fois depuis plusieurs jours, ils ont chaud et refusent, au cours de la nuit du 26 au 27, de traverser la Berezina en dépit des officiers envoyés par Napoléon. « J'eus l'occasion d'observer dans cette circonstance, combien le malheur abrutit et rend imprévoyant, remarquera le colonel Planat de La Faye. Le pont resta libre toute la nuit sans qu'il y passât peut-être vingt personnes ». Le colonel essaye d'engager quelques-uns de ces malheureux à se rendre sur la rive droite, mais c'est en vain : ils préfèrent rester toute la nuit accroupis devant les tisons d'un mauvais feu de bivouac…
Quand le jour paraît – le 27 novembre – les traînards se précipitent. L'Empereur assiste au spectacle. « Ce fut surtout, écrit Ségur, quand la Garde sur laquelle ils se réglaient s'ébranla. Son départ fut comme un signal : ils accoururent de toutes parts ; ils s'amoncelèrent sur la rive. On vit en un instant une masse profonde, large et confuse d'hommes, de chevaux et de chariots, assiéger l'étroite entrée des ponts qu'elle débordait. Les premiers, poussés par ceux qui les suivaient, repoussés par les gardes et par les pontonniers, ou arrêtés par le fleuve, étaient écrasés, foulés aux pieds, ou précipités dans les glaces que charriait la Berezina. Il s'élevait de cette immense et horrible cohue tantôt un bourdonnement sourd, tantôt une grande clameur, mêlée de gémissements et d'affreuses imprécations. »

Toute la journée – par un froid de moins 20 degrés –, l'armée continue à s'écouler lentement. Napoléon, à plusieurs reprises, vient assister au passage. La nuit suivante – le thermomètre descend à -30 degrés –, les ponts sont de nouveau libres, car la horde est retournée à ses feux.

Les pontonniers se remettent à l'eau

Ce 28 novembre, Victor a toute l'armée de Wittgenstein sur les bras. Non seulement il parvient à la contenir, mais pour sauver les dernières unités qui franchissent les deux ponts, il se met à attaquer et réussit à refouler l'ennemi et à lui infliger de lourdes pertes. Les 5 000 cavaliers de Wittgenstein sont culbutés dans un ravin par les 800 sabres du général Fournier !
Tandis que, sur la rive droite, Oudinot, Ney et Mortier maintiennent les 27 000 hommes de Tchitchakov qui a enfin compris la situation, Victor, sur la rive gauche, réussit à résister jusqu'à la nuit. Mais l'ennemi revient en nombre et le maréchal, sur l'ordre de l'Empereur, décroche. Non sans mal, deux compagnies de la Garde tiennent libres les entrées des deux ponts vers lesquelles le 2e corps se dirige en employant la force pour traverser la masse des traînards. A peine l'armée de Victor est-elle passée que le flot d'hommes se précipite. Sous cette ruée, une nouvelle fois, le tablier s'effondre. Les pontonniers se remettent à l'eau. Deux heures plus tard, le passage reprend.

Éblé doit brûler les ponts

Lorsque Éblé reçoit l'ordre de brûler les ponts, il reste encore près de 12 000 traînards sur la rive gauche. Il est alors sept heures du matin. Le chef des pontonniers attend jusqu'à neuf heures pour exécuter l'ordre, et ne met le feu aux deux ouvrages que lorsqu'il voit les cosaques dévaler vers la berge. Il y a encore 8 000 hommes sur l'autre rive. « On les voit errer par troupes désolées sur les bords de la rivière. Les uns s'y jettent à la nage, certains se risquent sur les glaçons, ou s'élancent tête baissée au milieu des flammes du pont qui s'effondre sous eux ». Ségur aperçoit « les corps des uns et des autres s'amonceler et battre avec les glaçons contre les chevalets ». Les survivants, assis dans la neige, résignés, attendent les Russes. Si 8 000 hommes débandés vont être massacrés par les cosaques de Wittgenstein, les débris de la Grande Armée ont réussi, tant bien que mal, à passer.

C'est au lendemain du 29 novembre que va commencer l'épreuve la plus horrible que connurent les combattants de tous les temps.

L'épouvante !

En trois jours, les 25 000 combattants de la Berezina, confondus avec la horde, devenus « une foule en fuite », marchent pêle-mêle, semant sur la route armes et canons, ces trophées que l'on peut voir de nos jours orner tant de musées soviétiques. Cependant, Napoléon aura chaque jour du linge propre, du pain blanc, son vin de Chambertin, de la viande de bœuf ou de mouton et surtout – ce qu'il aime particulièrement – du riz, des fèves ou des lentilles. Le froid, qui est descendu à moins 21 degrés, tombe certains jours à moins 30 degrés ! Les corbeaux meurent foudroyés, raidis en plein vol, l'haleine gèle au contact de l'air avec un bruit sec qui ressemble à de petites détonations. Quelques jours plus tard, le 5 décembre, à Smorgoni, l'Empereur quittera la horde pour regagner Paris avec Caulaincourt.

Des reliques de la retraite

Le musée d'Histoire de Moscou conserve, entre autres reliques de la Retraite, un traîneau ayant servi à l'Empereur et une des « roulantes » provenant des cuisines impériales. Sur les rives de la Berezina, et plus tard au cours des fouilles opérées dans le lit même de la rivière, recouvert d'une couche de trente-cinq centimètres de poudre décomposée, les Russes s'emparèrent d'un butin considérable dont une faible partie se trouve exposée aujourd'hui dans la Salle 1812 du Musée ethnographique municipal de Borisov - ou Borisov-La Berezina, selon l'orthographe actuelle.

Chronologie (1812-1813)

1812 : 19 décembre : les débris de la Grande Armée arrivent à Königsberg.

1813 : 22 février : alliance de Kalish entre le roi de Prusse et le tsar ; **17 mars :** la Prusse déclare la guerre à la France ; **29 avril :** victoire de Weissenfels ; **2 mai :** victoire de Lützen sur les Russes et les Prussiens ; **20 mai :** victoire de Bautzen sur les Russes et les Prussiens ; **4 juin :** armistice de Pleiswitz, valable jusqu'au 20 juillet ; **14 juin :** traité de Reichenbach entre l'Angleterre et la Prusse (la Russie y adhère le lendemain) ; **21 juin :** défaite de Vitoria par les Britanniques de Wellington. Perte de l'Espagne ; **26 juin :** entrevue entre Napoléon et Metternich ; **27 juin :** nouveau traité de Reichenbach entre la Prusse, l'Autriche et la Russie (sixième coalition) ; **7 août :** ultimatum autrichien à Napoléon ; **12 août:** l'Autriche déclare la guerre à la France. ; **23 août :** défaite de Gross-Beeren ; **26 août :** défaite de Katzbach ; **27 août :** victoire de Dresde sur les Autrichiens et les Russes ; **30 août :** défaite de Kulm ; **7 octobre :** les Britanniques de Wellington passent la Bidassoa et envahissent la France ; **16-19 octobre :** défaite de **LEIPZIG** par les coalisés (Autrichiens, Prussiens, Russes, Suédois).

10 Leipzig 1813 : le début de la fin,

par Allain Bernède.

De Weissenfels (29 avril) à Dresde (27 août), l'Ogre a prouvé à l'Europe qu'affaibli par le désastre russe, il n'était pas encore vaincu. Mais la confiance n'y est plus, les subordonnés de l'Empereur se font battre, ses alliés le trahissent. Napoléon marchait sur Berlin, il est contraint de se replier à l'ouest de l'Elbe, sur Leipzig. Il y affrontera l'Europe coalisée dans une terrible et désastreuse « bataille des Nations ».

> Leipzig (Saxe, sur l'Ester) :
> Ensemble de combats, du samedi 16 octobre au mardi 19 octobre 1813.
> Forces françaises : Napoléon (Marmont, Souham, Bertrand, Macdonald, Poniatowski, Augereau, Lauriston, Victor, Murat, Sébastiani, Mortier, Oudinot), 164 000 hommes. Forces des alliés : armée de Silésie (Blücher, avec Yorck, Sacken, Langeron), 59 000 hommes ; armée de Bohême (Schwarzenberg, avec Gyulai, Merveldt, Liechtenstein, Kleist, Würtemberg, Gortchakov, Klenau, Pahlen), 125 000 hommes.
> Pertes françaises : 50 000 hommes, dont 20 000 tués. Pertes des alliés : 60 000 hommes.

Alors que durant l'été 1813 le prestige de la Grande Armée ne cesse de se dégrader, les généraux de la coalition refusent le combat avec Napoléon mais s'attachent à battre séparément ses lieutenants. Oudinot a le dessous à

Gross-Beeren le 23 août, Macdonald le 26 à Katzbach et encore Vandamme à Kulm à la fin du mois.

Le plan : battre les coalisés en détail

N'étant plus en mesure de trouver une solution à la campagne d'Allemagne, Napoléon va s'efforcer de résoudre une équation dont les termes sont de 171 000 Français et alliés affrontant 302 000 coalisés des armées de Silésie, du Nord, de Pologne et de Bohême commandées par Blücher, Bernadotte, Bennigsen et Schwarzenberg, le général en chef. En octobre, les yeux de tous les protagonistes se tournent vers les places de Bautzen, Torgau ou Leipzig pour l'évidente raison qu'elles commandent la route de repli de l'Empereur en direction du Rhin.

Napoléon va alors essayer de leurrer Schwarzenberg en lui laissant croire que la Grande Armée est affaiblie pour l'inciter à engager le combat. Ainsi, l'Empereur tentera-t-il, tout en préservant les réserves destinées à alimenter les prochaines manœuvres, de les battre en détail avant qu'elles ne soit complètement regroupées.

Tandis que le 11e corps de Macdonald assure seul l'arrière-garde de l'armée impériale, Napoléon ramène ses unités sur Leipzig. Dès le 13 octobre, alors que la cavalerie de Murat barre la direction d'arrivée de la plus importante force de la coalition, 136 000 hommes de l'armée de Bohême aux ordres de Schwarzenberg, des travaux d'aménagement sont entrepris sur le flanc du vallon de Dölitz jusqu'à Liebertwolkwitz. La carence de la cavalerie, 22 000 cavaliers français et alliés contre 54 000 coalisés, impose un dispositif défensif dans lequel l'infanterie tient la ligne de front appuyée par l'artillerie.

Sans hâte excessive, le 8e de Poniatowski, le 2e de Victor et le 5e de Lauriston montent en première ligne. Le 9e, sous le commandement d'Augereau est, en attendant le 11e de Macdonald, seul en deuxième ligne. Dans la profondeur, Oudinot, avec deux divisions de la Jeune Garde, sert de première réserve en position centrale, tandis que la Vieille Garde reste près de Leipzig, et que le 6e corps de Marmont assure la surveillance de l'Elbe au nord de la ville en l'absence des 3e

Napoléon à Leipzig

Le 14 octobre 1813, vers midi, Napoléon arrive à Leipzig, venant de Düben. Après avoir salué la famille royale de Saxe, il se rend à Reudnitz, dans la banlieue est de Leipzig, puis sur la hauteur de Probstheyda, à 6 km au sud-est. Il rentre coucher à Reudnitz. Le 15, à 12 heures, il reçoit Murat et part en reconnaissance avec lui, et rentre à son quartier général. Le 16, il arrive, vers 9 heures, à Liebertwolkowitz, à 10 km environ au sud-est de Leipzig, et monte sur une hauteur voisine pour diriger la bataille de Wachau (premier jour de la bataille de Leipzig). Le soir, il bivouaque non loin de là. Le 17, il reste à travailler sous sa tente. Dans la nuit du 17 au 18, il est pris d'une forte fièvre. Le 18, dans la nuit le mouvement de retraite des Français commence. A 3 heures du matin, Napoléon passe à Reudnitz, où il rencontre Ney. Il se rend ensuite à Lindenau (3 km à l'ouest de Leipzig).

Après 14 heures (attaque générale des alliés), Napoléon retourne vers Reudnitz, pour diriger le combat. Peu après 16 heures, il commence la retraite et s'arrête, à 21 heures, à Leipzig. Le lendemain, 19 octobre, il est, de 7 à 9 heures chez le roi de Saxe. Il sort ensuite de la ville par l'ouest et gagne le faubourg de Lindenau, par où l'armée s'écoule.

et 7e corps de Souham et Reynier, qui sont aux ordres de Ney, en mouvement le long de la vallée de la Partha.

L'Empereur contraint d'attaquer

Le 16 octobre, à 8 heures, Napoléon n'a pris le commandement effectif que depuis quelques heures quand l'artillerie de l'armée de Bohême se déchaîne. Les fantassins de l'Empereur résistent aux assauts austro-russes. Ses canonniers rendent coup pour coup mais sur les ailes les charges de sa cavalerie ne parviennent pas à masquer la faiblesse des effectifs.

A midi, Napoléon a perdu 6 000 des 35 000 hommes engagés dans la première ligne, mais le pire reste à venir ! Au nord, à la hauteur de Möckern, le canon se met à tonner ! Marmont s'est laissé accrocher par Blücher ! Le remarquable emploi tactique du terrain, a permis de faire face à l'attaque initiale mais, avec l'arrivée annoncée des 124 000 hommes des armées de Silésie et du Nord, de Blücher et Bernadotte, l'usure excessive des forces et le danger d'enveloppement contraignent l'Empereur à attaquer.

Le 11e corps de Macdonald ayant pris position à la gauche du 9e d'Augereau, les divisions de la Jeune Garde, engagées en direction de Wachau, appuyées par une imposante batterie d'artillerie de 150 canons aux ordres de Drouot, s'efforcent d'ébranler les rangs adverses. Le coup de boutoir est terrible et la mêlée dantesque : 18 000 hommes, dont 6 000 soldats de l'Empereur, ne se relèveront pas !

A 3 heures de l'après-midi, Kellermann à droite, 4 000 chevaux, et Latour-Maubourg à gauche, 6 000 chevaux, sont jetés sur les ailes de l'ennemi. La Vieille Garde vient se placer en réserve de la Jeune Garde. Si à droite la cavalerie de Kellermann et le 8e corps de Poniatowski ne parviennent que difficilement à endiguer les corps autrichiens, russes et prussiens du général Kleist, au centre, le prince Eugène de Würtemberg impose des efforts inouïs au 2e corps de Victor en faisant avancer les réserves russes en direction de Wachau, à gauche, en revanche le prince de Gortchakov est sur le point de ployer.

A la nuit tombante, serrés de plus en plus près par l'ennemi, les corps de première ligne de Grande Armée se replient sur la deuxième ligne dans une difficile manœuvre dont la conséquence est d'inclure le 9e corps entre les 8e et 2e corps et le 11e corps entre les 2e et 5e corps dans un môle de protection autour de Leipzig dont le promontoire de Probstheyda, où est installé le poste de commandement de l'Empereur, constitue le point clé.

Du point de vue technique, les cavaleries ne sont pas parvenues à prendre le relais de l'artillerie, à relancer la manœuvre et à décider du sort de la bataille. Cependant si l'infanterie et l'artillerie de l'Empereur, en position défensive, ont des pertes relativement plus faibles que celles de l'adversaire, les tentatives de passer à une offensive en direction de Wachau n'ont pas débouché, par manque de réserves.

Pas question de se replier

Dans la pratique l'armée de Bohême a gagné par défaut Son artillerie s'est montrée efficace, et la réunion des corps autrichiens, russes et prussiens a favorisé l'émulation au combat. Même si les coalisés n'ont pas acquis l'initiative, parce que Blücher, redoutant Ney et ayant quelques difficultés à se coordonner avec Bernadotte, n'a engagé dans l'après-midi qu'une partie de ses forces, ils ont commencé à l'emporter sur Napoléon.

Si rien n'est perdu – Bertrand à la tête de son 4e corps a maintenu ouverte la route de Lindenau –, il n'en demeure pas moins que la tentative de battre les armées de la coalition avant leur regroupement sous Leipzig a d'autant plus fait long feu que Napoléon sait que certains contingents allemands sont sur le point de l'abandonner. Dans ces conditions, l'Empereur doit renoncer à combattre sur une position élargie autour de Leipzig, voire quitter la ville, pour conserver ses réserves. Mais, bien que la décision soit prise et malgré les suppliques des officiers du génie pour jeter des ponts supplémentaires sur l'Elster, il ne donne aucun ordre en ce sens. Le 16 octobre au soir, il est d'autant moins question de s'engager dans cette voie que le 7e corps de Reynier n'a toujours pas rejoint le dispositif.

Les Saxons trahissent

A l'aube du 17 octobre, alors que les soldats de tous les bords pansent leurs plaies, l'Empereur quitte son poste d'observation de Probstheyda pour se rendre à Leipzig. Une autre bataille est engagée au gré des allées et venues d'agents secrets et d'émissaires… L'Empereur a-t-il négocié ce qui ne l'était pas ? A-t-il retrouvé une partie de sa liberté d'action ? Est-il en mesure de conduire une autre manœuvre ? A 2 heures du matin, le 18 octobre, Napoléon donne l'ordre d'évacuation de Leipzig. Mais au moment où il retourne sur le promontoire de Probstheyda pour conduire le repli il constate que l'ennemi est repassé à l'attaque. A défaut d'avoir rompu le contact de nuit, les Français vont devoir réaliser l'opération de jour sous une concentration de feu ennemi. Au sud et au sud-ouest, malgré les pertes, les arrière-gardes des corps d'armées de l'Empereur disputent pied à pied le terrain.

Sa cavalerie fait merveille. Tenant à distance les batteries de l'artillerie ennemie, elle retarde l'avance de Schwarzenberg. Malgré tout l'Empereur a dû, pour dégager des réserves, hypothéquer sa capacité de feu en organisant son infanterie sur deux rangs, au lieu de trois ! Dès lors, Schwarzenberg est d'autant plus en mesure d'exploiter cet inconvénient que Bennigsen est venu compléter le dispositif à l'est et qu'avec l'entrée en action au nord et nord-est à la mi-journée de Blücher et de Bernadotte l'encerclement est sur le point d'être réalisé.

Attaquant au centre sur Probstheyda, Schwarzenberg espère réduire à néant les capacités de feu et de mouvement de Napoléon, mais un tir de mitraille de l'artillerie de Drouot, doublé de charges à la baïonnette de Victor et de Lauriston, finissent par avoir raison de l'ennemi. Les soldats de Schwarzenberg reculent.

La défection des Saxons

Le mouvement associatif *Tuyenbund*, créé en 1790 en Allemagne, est redevenu très actif au lendemain des traités de Tilsit en 1807 lorsque, sous l'influence de membres comme Blücher, une assemblée réunie à Königsberg a orienté son action vers le secours aux personnes spoliées par les Français. Même si depuis 1811 les pressions des agents français ont contraint la cour de Berlin à faire arrêter quelques-uns des adhérents les plus en vue qui orchestraient la lutte contre l'Empereur, les activités francophobes secrètes et à peine clandestines n'en ont pas moins continué. C'est ce mouvement qui a brouillé les cartes des négociations dans la journée du 17 octobre et organise la défection des Saxons.

Pour empêcher que Bennigsen n'assure, avec l'armée de Pologne, la liaison entre celles de Bohême et du Nord, Ney, commandant les 3e et 7e corps, tente de s'interposer en donnant l'ordre à Reynier, commandant le 7e corps, de lancer une contre-offensive en direction du village de Paunsdorf. Un Reynier qui a déjà connu les pires difficultés pour faire mouvoir ce corps, constitué pour l'essentiel des contingents saxons peu sûrs. Mais, l'ordre étant réitéré, il s'incline. Et les Saxons, la cavalerie d'abord puis l'infanterie, désertent en bloc !
La rage au cœur, la division de Delmas vient à la rescousse de celle de Durutte. Delmas est blessé à mort mais les 5 000 soldats fidèles à l'Empereur vont s'ouvrir un passage vers Sellertausen au milieu de 20 000 ennemis.

Le malentendu de Lindenau
Le centre de gravité de la bataille s'étant brusquement déplacé sur la gauche de son armée, Napoléon laisse Murat sur le front du sud-est pour rejoindre Ney. A la nuit tombante, alors que les incendies font rage et que l'odeur âcre de la poudre prend à la gorge, dans le vacarme d'une canonnade de plus de 2 000 bouches à feu, Napoléon quitte le champ de bataille pour aller se placer à la sortie du pont de Lindenau.
Alors que les 11e et 8e corps de Macdonald et Poniatowski assurent la protection des arrières et tandis que le flot des rescapés s'écoule avec une désespérante lenteur, une effroyable explosion déchire l'atmosphère.
La première arche du pont de Lindenau, vient de sauter !
Dans le désordre qui régnait autour de cet unique point de passage, le colonel du génie chargé de la destruction était parti à l'autre extrémité de l'ouvrage pour chercher des instruction auprès de l'Empereur, en laissant un caporal avec

la consigne de mettre le feu dès qu'il verrait l'ennemi sur le point de passer.
Que devait donc faire l'infortuné caporal quand, dans la cohue, il vit ou crut voir des soldats du corps de Ney pourchassés et sabrés par des cavaliers de Blücher ? Ordre mal donné, ordre mal compris : piégés à l'est de l'Elster, 20 000 soldats de l'Empereur sont condamnés à évacuer le champ de bataille par des moyens de fortune. Macdonald traverse l'Elster à la nage mais Poniatowski, fait maréchal depuis la veille, blessé, meurt noyé. Quant à Reynier et Lauriston, englués au milieu d'ennemis, ils sont faits prisonniers. Seule la Garde se replie en bon ordre. En quatre jours, 130 000 hommes, dont 50 000 soldats de l'Empereur, ont perdu la vie dans ce que l'on appellera plus tard la « bataille des nations.» Devant une telle tragédie les mots perdent leur sens et si manifestement il n'y a pas de victoire, peut-on encore s'interroger pour savoir si l'Empereur a connu là un succès en rompant le rythme de la progression des armées de la coalition ou un revers tant ses pertes sont lourdes ?

Pas d'erreurs tactiques

Sur le plan tactique, ni la valeur des troupes, ni même leur emploi ne sont en cause. Solidement tenues en main par des officiers ayant fait leurs preuves, les unités ont montré suffisamment de capacité pour faire face à des situations des plus périlleuses. L'emploi de la cavalerie en masses importantes est au point. Elle a permis de prendre le relais de l'artillerie et d'épauler l'infanterie. L'artillerie, concentrée en grandes batteries, protégée par des travaux d'aménagement du terrain, a permis à l'infanterie de déployer ses formations d'attaque et de pallier ainsi le manque d'hommes. Le fait que Marmont se soit laissé accrocher un peu trop rapidement, que Ney ait engagé des troupes peu sûres dans des conditions hasardeuses, démontrent que de simples aléas ou prises de risques deviennent, passé un certain seuil, rapidement intolérables.

Il n'y a pas non plus d'erreur, le 16 octobre au soir, quand Napoléon ne fait pas aménager des points de passage sur l'Elster pour évacuer la ville car tous les moyens matériels, comme les forces morales, se devaient d'être affectés au combat.

A Leipzig, Napoléon a perdu, non pas parce que Schwarzenberg a éventé sa manœuvre, mais simplement parce qu'il n'a pas eu les moyens de son combat. L'Empereur a eu la preuve de cet échec dans la journée du 17 octobre, au moment précis où les négociations secrètes, en vue d'un armistice, ont avorté.

Sur le plan politique, il est certain que cette démonstration de force n'a permis ni de sauver l'Allemagne, ni même de réellement négocier. Le processus de revirement des alliés de la France n'a pas été interrompu, bien au contraire, il n'a fait que décupler les sentiments de francophobie en faisant éclater au grand jour la trahison des Saxons et Wurtembergeois !

Trop faible, trop éloigné de ses bases, l'Empereur n'a pas eu la capacité de reconstituer ses réserves. La « bataille des Nations », qui était censée résoudre la difficulté de pure technique militaire d'une force armée engagée loin de ses bases, a basculé dans le désastre d'une guerre civile européenne.

Chronologie (1813-1815)

1813 : 2 novembre : Napoléon repasse le Rhin.

1814 : janvier : invasion de la France par les coalisés ; **29 janvier :** victoire de Brienne sur les Prussiens ; **1er février :** Napoléon vaincu à la Rothière ; **10-14 février :** victoires sur les Prussiens de Champaubert (le 10), de Montmirail (le 11), de Château-Thierry (le 12), de Vauchamps (le 14) ; **17 février :** victoire de Mormant sur les Russes ; **18 février :** victoire de Montereau sur les Autrichiens ; **22 février :** victoire de Méry-sur-Seine sur les Prussiens ; **26 février :** défaite de Marmont à La Ferté-Gaucher par les Prussiens ; **10 mars :** défaite de Napoléon à Laon par les Prussiens ; **20 mars :** victoire de Reims sur les Russes ; **25 mars :** défaite de Marmont et de Mortier à Fère-Champenoise par les Autrichiens ; **30 mars :** les coalisés bombardent Paris ; **31 mars :** entrée des coalisés dans Paris ; **3 avril ;** le Sénat vote la déchéance de Napoléon ; **6 avril :** abdication de Napoléon à Fontainebleau ; **10 avril :** victoire de Soult sur Wellington à Toulouse ; **11 avril :** traité de Fontainebleau. Napoléon reçoit l'île d'Elbe ; **20 avril :** adieux à la Vieille Garde et départ de Napoléon pour l'île d'Elbe ; **30 mai :** traité de Paris avec les coalisés. La France ramenée à ses limites de 1792 ; **1er novembre :** ouverture officielle du congrès de Vienne.

1815 : 26 février : Napoléon s'embarque pour la France sur *l'Inconstant* ; **1er mars :** débarquement de Napoléon au Golfe-Juan ; **20 mars :** arrivée de Napoléon aux Tuileries ; **25 mars :** à Vienne, pacte des alliés contre Napoléon (septième coalition) ; **22 avril :** promulgation de l'Acte additionnel aux institutions de l'Empire ; **3 mai :** péfaite de Murat à Tolentino ; **9 juin :** Acte final du congrès de Vienne fixant l'état de l'Europe ; **12 juin :** départ de Napoléon pour l'armée ; **16 juin :** victoire de Ligny ; **18 juin :** désastre de **WATERLOO** ; **21 juin :** retour de Napoléon à Paris ; **29 juin :** départ de Napoléon pour Rochefort ; **8 juillet :** retour de Louis XVIII à Paris ; **12 juillet :** Napoléon s'installe à l'île d'Aix ; **15 juillet :** Napoléon monte à bord du *Bellerophon* ; **7 août :** Napoléon monte à bord du *Northumberland* ; **15 octobre :** arrivée du *Northumberland* à Sainte-Hélène.

11. Waterloo 1815 : la France quitte l'échiquier mondial

par Pierre Miquel.

18 juin 1815 : le dernier acte se joue à Waterloo. Face à Napoléon, Blücher, un vieillard prussien assoiffé de revanche, et Wellington, un Anglais qui, depuis l'Espagne, connaît bien la stratégie napoléonienne.

Waterloo (Belgique, au sud de Bruxelles) :
Début : dimanche 18 juin 1815 vers 11 heures et demie. Fin : même jour vers 21 heures
Forces françaises : armée du Nord (Garde impériale de Drouot, 1er corps de Drouet d'Erlon, 2e corps de Reille, 3e corps de Vandamme, 4e corps de Gérard, 6e corps de Lobau, les corps de cavalerie de Pajol, Exelmans, Kellermann et Milhaud), 74 000 hommes. Forces anglo-hollandaises : Wellington (Hill, prince d'Orange, Picton, Uxbridge), 68 000 hommes. Les Prussiens de Blücher (84 000 hommes moins les pertes de Ligny) et les Français de Grouchy (30 000 hommes) sont sur un autre théâtre au début de l'action. Seule une partie des forces prussiennes (divisions Bülow et Ziethen) pourra rejoindre le combat.
Pertes françaises : plus de 20 000 hommes. Pertes anglo-hollandaises : 15 000 hommes. Pertes prussiennes : près de 7 000 hommes.

Les Français sont fatigués. Ils viennent de Ligny, où ils ont livré une bataille indécise et sanglante aux Prussiens de Blücher. Ils sont dans les blés encore verts de Belgique, une fois de plus, pour livrer le combat des trois couleurs contre les armées de l'Europe des trônes, celle qui n'a pas accepté la révolution française. Blücher, le général *Vorwärts*[27], est un vieil homme qu'il faut hisser sur son cheval. Il n'y voit rien, peut à peine marcher, mais son nom est synonyme de revanche.

L'implacable défensive de Wellington

Le général anglais Wellington a débarqué son armée en Belgique, pour se rendre au-devant de l'Empereur. Il a soigneusement choisi la position de Mont-Saint-Jean, sur la route de Bruxelles. Il sait qu'il doit y tenir coûte que coûte, pour que Blücher, qui reforme ses régiments, ait le temps de lui prêter main forte. Il ne peut pas reculer, ayant dans les reins une épaisse forêt. Il dispose en carrés ses régiments d'infanterie. Au total, 67 700 hommes et 174 bouches à feu. Sur son cheval Copenhague, un pur-sang bai brun qu'il montait depuis Vitoria et Toulouse, le duc, portant à son chapeau sans plumet ni panache la cocarde noire d'Angleterre, donne froidement ses ordres et attend l'assaut. Les officiers sont épuisés. Beaucoup n'ont pas dormi pendant la nuit, mais dansé au bal de la duchesse de Richmond. Ils passent des salons au champ de bataille, comme Picton, sans avoir eu le temps de se changer.

On leur dit que les Français attaquent sur la route de Mont-Saint-Jean. Ils ont rejoint leurs unités en toute hâte. Certains, croyant à un désastre, ont fait tourner bride à leurs chevaux pour être les premiers à rembarquer, comme les hussards du régiment de Cumberland. Mais ils finissent tous par se ranger aux ordres du duc, qui inspecte les rangs à la lorgnette, sous un orme. A l'orée du plateau, les batte-

27 « En avant » en allemand.

ries d'artillerie. La cavalerie aux ailes, prête à ramener les charges des Français. Les bataillons d'infanterie légèrement en retrait de la crête, pour échapper au feu de la grande batterie de l'Empereur qui commence à se mettre en place. Car une bataille napoléonienne commence toujours par une canonnade.

Wellington distingue à peine, sous la fumée, les murs épais des trois fermes qui sont les forteresses de son dispositif : au centre du champ de bataille, La Haye-Sainte, facilement défendable avec, à ses arrières, une sablonnière où pouvaient se masser des troupes ; à l'est, la ferme de Papelotte ; à l'ouest, la ferme de Hougoumont, la plus redoutable, aux murs percés de créneaux où l'on voit briller les baïonnettes des gardes anglaises. Le général est rassuré : même les pièces de seize ne peuvent percer ces murailles. Il y faudrait des sapeurs, ou un tir convergent d'obusiers. Une reconnaissance trop rapide du général du génie Haxo rapporte à l'Empereur qu'il n'a pas aperçu de travaux de retranchement. Une erreur qui coûtera cher.
Des tirailleurs et des pièces légères sont postés le long du chemin d'Ohain, dans les parties où il se creuse au flanc du plateau : les hommes sont protégés par des bosquets. Ils sont chargés de retarder les charges françaises, puis de se retirer à l'abri des carrés. Ceux-ci sont des forteresses humaines, des hérissons de baïonnettes disposés sur trois rangs, prêts à déclencher le tir : une première décharge des tireurs à genoux, une deuxième des hommes debout, une troisième ligne de ceux qui rechargent les fusils, les pièces de canons étant soigneusement disposées aux ailes. Deux mille à trois mille hommes groupés par carrés attendent vaillamment l'assaut.

Seul Blücher peur « créer l'événement »

La bataille que Wellington accepte est strictement défensive. L'Anglais se flatte de la supériorité de la position et estime au plus haut le courage des soldats qu'il a vu maintes fois à l'œuvre au Portugal et en Espagne. Il sait qu'il peut compter sur ses vieilles bandes d'Espagne et que les Français, prompts à l'offensive, sont incapables de résister à une contre-attaque bien menée, surtout si elle est imprévisible. Il est pourtant essentiel que Blücher crée l'événement, en fin de journée, quand il surgira sur le flanc de Napoléon.

La bataille repose sur un risque calculé, de part et d'autre, car l'Empereur a pour stratégie, depuis le début de la campagne, d'affronter ses adversaires l'un après l'autre. Il ne peut être assuré de l'emporter que si Grouchy, un général de cuirassiers récemment nommé maréchal, qui surveille, en compagnie de son corps d'armée, Blücher avec mission de l'empêcher de rejoindre les Anglais, peut, après en avoir reçu l'ordre, surgir à son secours à marche forcée pour anéantir l'armée de Wellington.

Blücher ou Grouchy ? C'est la glorieuse incertitude de Waterloo. Le sort de la bataille dépend finalement des courriers dépêchés par Wellington et par Napoléon. Cette bataille des officiers de liaison, c'est Wellington qui la gagne.

Les Français, épuisés mais enthousiastes

Les Français sont 74 000 à disposer leurs lignes bleues sur le champ de bataille. Leurs 266 canons sont regroupés pour écraser de leur tir l'infanterie adverse. Les soldats sont épuisés par l'orage, ils ont mal dormi, marché sans arrêt sur les routes transformées en fondrières. Mais leur moral est élevé. Ils crient longuement « Vive l'Empereur ! » en apercevant le « petit chapeau » sur la battue de Rossomme. Ils sont partis en campagne avec l'idée d'en finir avec les aristocrates à perruque rentrés de l'étranger dans les voitures de Louis XVIII. Ils veulent poursuivre le « vol de l'aigle » jusqu'à Bruxelles, et les trois couleurs qui flottent au vent leur font oublier le drapeau blanc.

Des braves sont à leur tête. Ney dit « le Rougeaud », Reille et Soult, des vétérans d'Espagne, les généraux Friant et Morand, des braves éprouvés qui commandent sous Drouot les bataillons de la Vieille Garde, Kellermann et Exelmans, à la tête des corps de grosse cavalerie qui ont si souvent décidé du sort des batailles.

« Jamais, dit un officier du premier corps, on ne cria « Vive l'Empereur ! » avec plus d'enthousiasme. C'était comme un délire. » Jeunes conscrits levés par Davout et anciens des campagnes d'Allemagne et de France sont prêts à mourir pour garder le drapeau de Jemmapes et d'Austerlitz.

Une charge frontale au centre, sans manoeuvre

Napoléon, sourd aux conseils de Reille, qui le mettait en garde contre la valeur défensive de l'adversaire, décide de rompre l'armée de Wellington au centre, par une attaque frontale. Il néglige de manœuvrer, il n'en a pas le temps.

Il lance l'attaque par colonnes profondes, comme au temps des guerres de la Révolution, convaincu que la furie française aura facilement raison des « mauvaises troupes » de Wellington, qu'il n'a jamais eu l'occasion de rencontrer personnellement dans une bataille. Les divisions de Reille sont alignées à l'ouest de la route de Mont-Saint-Jean, celles du comte d'Erlon à droite. En seconde ligne, au centre, le 6e corps d'infanterie de Lobau, avec toutes ses batteries, soutenu sur ses arrières par les 25 000 fantassins de la Garde. Le canon tonne sur Hougoumont, à 11 h 30. La division du prince Jérôme ne peut s'emparer de la position. Les ordres de Napoléon et de Reille n'étaient nullement de s'emparer de l'ouvrage mais Jérôme s'était obstiné. Ses fantassins massacrés à bout portant par la mitraille étaient les premières victimes de la journée.

Les Prussiens approchent

Les 80 bouches à feu de la batterie de l'Empereur accablaient le centre anglais. Il était 1 heure de l'après-midi. Le terrain détrempé avait séché, les batteries avaient pu enfin manœuvrer. Quand la fumée se dissipa, on vit que Napoléon observait à la lorgnette la droite du champ de bataille, où l'on apercevait une colonne en marche. La capture d'un prisonnier par les hussards de Marbot devait apprendre qu'il s'agissait d'un corps prussien qui avait marché toute la nuit dans la direction de la Chapelle-Saint-Lambert.

Aussitôt Napoléon avait fait envoyer à Grouchy l'ordre de porter ses 33 000 hommes dans la direction de Wavre ; il avait aussi dépêché le corps de Lobau et la cavalerie de Domon et Subervie pour parer à la menace. Dès l'engagement de la bataille, il s'attendait donc à être surpris sur son aile droite. Il était d'autant plus impatient d'obtenir la décision.

L'arrivée des Prussiens poursuivis par Grouchy n'était pas grave, s'il pouvait enfoncer en deux heures l'armée anglaise, obliger Wellington à manœuvrer.

Fantassins de Ney contre cavaliers d'Uxbridge

A 13 h 30, Ney reçoit l'ordre d'attaque. Les quatre divisions dont il prend aussitôt la tête foncent droit devant elles sur un

front serré de 200 files, avec une profondeur de 24 hommes. Cette masse d'infanterie doit contourner, sans pouvoir s'en emparer, les positions de La Haye-Sainte et de Papelotte, mais bouscule les Anglais qui doivent évacuer le chemin d'Ohain. Les Hollando-Belges de Bijlandt ont lâché pied.
Mais l'attaque des divisions Marcognet et Donzelot contre les troupes de Picton ne réussit pas, bien que Picton lui-même soit tué au combat, les *Highlanders* résistent pied à pied et une charge furieuse des *Life Guards* et des *Royal Dragoons* de Somerset réussit à défaire les colonnes françaises et à empêcher les cuirassiers lancés par le général Travers de leur venir en aide.
Wellington veut précipiter la défaite des Français et lance les dragons de Ponsonby contre les fantassins du corps d'Erlon. Toute la cavalerie anglaise de lord Uxbridge suit, ventre à terre, et dégage les pentes du plateau. Les lanciers et les cuirassiers français contre-attaquent, tuent le major général Ponsonby. « Les morts, dit un officier anglais, étaient en maints endroits aussi serrés que les pions renversés sur un échiquier. » Hougoumont, bombardée par les obusiers français, était en flammes, mais la première attaque de l'Empereur avait échoué.

Ney tue trois chevaux sous lui

Il était 15 heures. Wellington attendait Blücher avec une impatience croissante. Napoléon ordonnait une nouvelle attaque contre La Haye-Sainte, qui échouait. Ney prenait alors l'initiative de lancer à la charge 5 000 sabres de la cavalerie lourde (cuirassiers, lanciers et chasseurs de la Garde), contre les Anglo-Hollando-Germano-Belges formés en seize carrés. Les cuirassiers enlevaient les batteries qui cra-

chaient à mitraille sans songer à enclouer les pièces ni même à les renverser. Ils étaient ramenés par la cavalerie de lord Uxbridge et devaient redescendre dans le vallon. « C'est trop tôt d'une heure, dit Napoléon, mais il faut soutenir ce qui est fait.» Il lance dans une nouvelle charge les réserves de cuirassiers de Kellermann et la grosse cavalerie de la Garde (dragons et grenadiers). Il veut précipiter l'attaque, les Prussiens approchant déjà de Plancenoit.
Une troisième, une quatrième charge échouent. Ney a son troisième cheval tué sous lui. La plupart des généraux sont tués ou blessés. Édouard de Colbert charge avec un bras en écharpe. Aucune action d'infanterie ne vient soutenir l'action désespérée de ces 10 000 cavaliers. Quand Ney songea à lancer à l'assaut les régiments de la division Bachelu, il était trop tard.

La Garde se sacrifie

A l'est du champ de bataille, la Jeune Garde a dû se sacrifier pour reprendre Plancenoit aux Prussiens. Les seuls succès de la journée sont la prise de La Haye-Sainte par le 13e léger de la division Donzelot, entraîné encore par Ney, et de la ferme de Papelotte par Durutte. Le centre anglais flanche, les morts et les blessés sont nombreux. Une batterie installée par Ney près de La Haye-Sainte, décime les premiers carrés. La Sablonnière est prise. « Il faut que la nuit ou les Prussiens arrivent, dit Wellington. Il n'y a pas d'autre ordre que de tenir jusqu'au dernier homme.»
L'engagement de la Garde, à ce moment précis, eût pu donner la victoire. Mais Napoléon devait utiliser les grognards sur son aile droite, où les Prussiens avaient repris Plancenoit. Il devait désormais combattre sur deux fronts,

et les boulets prussiens hachaient les seigles autour de la Belle-Alliance.

La dernière attaque française fut lancée après 19 heures : celle de la garde impériale, bien décidée à en finir. Elle fut arrêtée dans son élan par les gardes anglaises de Maitland, couchées dans les seigles qui alignèrent d'une seule décharge 300 bonnets à poil. Une furieuse mêlée s'engagea, avec des pertes sanglantes de part et d'autre. Napoléon avait fait répandre dans les lignes, pour ranimer les courages, que Grouchy débouchait. Quand on s'aperçut qu'un nouveau corps prussien, celui de Ziethen entrait en action, on n'eut plus d'espoir que dans la Garde.

Or la Garde, débordée par la cavalerie lancée par Wellington, reculait en bon ordre, ayant perdu les meilleurs des siens et particulièrement le général Michel. Ney voulait mourir, son cinquième cheval tué sous lui. « D'Erlon, disait-il, si nous en échappons, toi et moi, nous serons pendus ! »Pour résister aux charges, grenadiers et chasseurs s'étaient formés en carrés, ou plus exactement en triangles. Ils reculaient en ordre, refusant de se rendre.

L'Empereur échappe au carnage

A 21 h 15, Wellington et Blücher se rencontraient à l'auberge de la Belle-Alliance. L'armée française était en déroute. Seul le corps de Grouchy, trop tard mis en branle, regagnait la France en bon ordre, dans une retraite adroite. Que n'eut-il montré plus tôt ces brillantes qualités, au lieu de poursuivre mollement les Prussiens !

L'Empereur échappait au carnage et atteignit les Quatre-Bras, partant le 20 juin pour Paris : 50 000 hommes étaient couchés dans les seigles de Mont-Saint-Jean. Une édition

spéciale du *Times*, le lendemain, alignerait sur dix pages les noms des officiers de Sa Majesté morts au combat. La bataille de Waterloo était perdue.
Jamais bataille n'a eu de plus immédiates conséquences politiques : la France se trouvait livrée aux diplomates de Vienne, emmurée dans son hexagone réduit, dotée de nouveau d'un roi podagre de retour de Gand, bien décidé cette fois à en finir avec le tricolore. Ney serait fusillé, après un procès ignoble, Drouet d'Erlon, exilé, condamné à mort par contumace.

L'Angleterre triomphante imposait à l'Europe la loi de l'équilibre européen et Castelreagh, son intraitable ministre, plaçait la Prusse en sentinelle sur le Rhin pour surveiller la France. Elle n'avait plus désormais d'adversaire qui pût l'empêcher de réussir la conquête du monde. Les Français ne retrouveraient pas leur statut de puissance mondiale avant un demi-siècle, et accuseraient ensuite constamment ce retard par rapport à leur vainqueur. Le 18 juin 1815, le duc de fer, *the Iron Duke*, avait assuré à son pays plus qu'une victoire : il lui avait donné, sans le savoir, la domination du monde.

La légende

12. « Son erreur a été de vouloir faire l'Europe »

Entretien avec Jean-Pierre Chevènement.

Napoléon vu par un homme politique. Pour Jean-Pierre Chevènement, il demeure un des plus grands chefs militaires de l'Histoire, mais son rêve d'un empire universel n'était pas fait pour la France.

Napoléon fut-il un grand stratège ? Certaines de ses victoires ne sont-elles pas entachées d'erreurs grossières ? Avait-il un charisme particulier pour retourner des situations compromises ?

Jean-Pierre Chevènement : Napoléon fut-il un grand stratège ? A coup sûr ! Mais, le mieux est de s'en rapporter à lui : « L'art de la guerre, a-t-il écrit, ne demande pas de manœuvres compliquées ; les plus simples sont préférables. Il faut surtout avoir du bon sens ».

A vrai dire, l'étude des batailles napoléoniennes révèle, à côté d'un incomparable coup d'œil, essentiellement deux manières de faire. S'il est en position de force, Napoléon cherche l'enveloppement en attaquant sur les arrières : ainsi à Iéna. Sinon, ainsi à Austerlitz, il concentre ses forces pour frapper le point faible et dissocier l'ennemi. Toujours, il cherche à lui couper le repli pour l'anéantir. Napoléon, en matière de stratégie, est le fils de Frédéric II. Il a lu *L'Essai général de tactique* de Guibert qui, dès avant la Révolution, prônait les armées populaires offensives.

De même, il a bénéficié des armements mis au point dans les arsenaux royaux après la guerre de Sept ans : fusil de 1777 à trois coups/minute, et surtout canons de Gribeauval, mobiles, précis et à grande cadence de tir. La mobilité est sa véritable règle.

Enfin et surtout, Napoléon a bénéficié de la formidable mobilisation des idées de 1789. Il lui est arrivé de dire un jour : « Je suis la Révolution française ». Cet élan s'amortit progressivement au fur et à mesure que Napoléon dressait contre lui les nationalités : allemande après Iéna en 1806, espagnole quand il installe Joseph à Madrid en 1807, russe quand il s'élance vers Moscou en 1812.

Encore bénéficie-t-il longtemps de l'autorité exceptionnelle et unique que lui valaient à la fois ses victoires, son charisme qui éblouira les romantiques, son verbe superbe et - ne l'oublions pas - la puissance démographique et politique de la France à son apogée. Foch, généralissime allié en 1918, déclara : « Depuis que je suis à la tête d'une coalition, j'admire beaucoup moins Napoléon ».

Si on dressait un bilan, serait-il, selon vous, positif ou négatif pour la France et sa place future dans l'Europe ?

J.-P.C. : La grande erreur de Napoléon a été de vouloir « faire l'Europe », comme on dit aujourd'hui. Il a dilaté la France à l'excès. Il n'a pas envisagé un équilibre européen viable en s'appuyant sur l'Autriche et la Russie.

Surtout, il a laissé échapper les « continents de l'avenir » : l'Amérique avec la Louisiane et l'Inde. Mais pour affronter l'Angleterre sur la mer, il lui aurait fallu, en prenant son temps, reconstituer une grande flotte. Napoléon, avec le blocus continental et l'invasion de la Russie, pensait peut-

être prendre l'Inde à revers et mettre l'économie anglaise à genoux.
Ce rêve démesuré d'un empire quasiment universel n'était pas à la portée de la France qui n'est jamais mieux à son aise que lorsqu'elle veut bien n'être que ce qu'elle est : une nation, et même une grande nation. En portant la guerre d'un bout à l'autre de l'Europe, Napoléon a été l'un des plus grands capitaines de l'Histoire mais, à terme, il a sapé la position de la France, en laissant à l'Angleterre, « l'empire du monde », et en suscitant sur le continent un nationalisme allemand foncièrement antifrançais.

Propos recueillis
par Jean Bruno

13. « Il était en avance sur son époque »

Entretien avec le général Lacaze

Napoléon vu par un militaire. Selon l'ancien chef d'état-major des armées, le général Jeannou Lacaze, une vision exceptionnelle de la guerre du futur, un génie de l'organisation, un esprit de synthèse, une présence personnelle et un art de retourner les situations font de Napoléon un grand stratège. Mais le bilan du rêve européen est plutôt négatif.

Napoléon a-t-il été un grand stratège ? A-t-il été supérieur à Alexandre, Hannibal ou César ?

Jeannou Lacaze : Sa qualité de stratège a été de bousculer l'ordre établi. Je parle du militaire. Il a eu pour lui la vision des guerres du siècle qui allait venir et des effectifs énormes qui seraient engagés. Il a su utiliser les gros bataillons bien soutenus logistiquement et éparpillés globalement. Une de ses qualités, qui se situe entre la stratégie et la politique, est l'amalgame qu'il a réussi à faire entre les différentes nations qui composaient sa Grande Armée. Pour son époque, c'était un grand stratège.

Napoléon a-t-il été alors un stratège visionnaire même pour ce siècle ?

J.L. : Non, je ne le pense pas. Je suis actuellement persuadé que nous arrivons à la fin de l'époque des gros bataillons. Les orientations prises à l'heure actuelle sont de pouvoir fournir à des éléments rapides, disponibles et puissamment équipés, la possibilité d'aller très rapidement éteindre le feu quelque part. Nous sommes davantage dans un régime de pompiers, si vous me permettez l'expression. Napoléon a eu la vision des guerres du XIXe siècle, qui se livraient sur de grands espaces et avec de gros effectifs. C'était une époque où il fallait plusieurs jours pour concevoir une stratégie. Il fallait avoir une vision stratégique exceptionnelle pour penser qu'on pouvait faire la guerre à des milliers de kilomètres. Ce qu'il a fait.

Il s'est néanmoins heurté à des problèmes de communication énormes qui finalement l'ont conduit à la défaite. Car il fallait concilier à la fois la manœuvre de ces énormes effectifs et l'impossibilité de modifier ces manœuvres. Il y avait certes des courriers, des estafettes mais, pour manipuler ces grosses unités, il fallait tout prévoir à l'avance de façon à ne pas tomber, comme par exemple, dans le retard de Grouchy à Waterloo. Napoléon avait un tel génie de l'organisation qu'il pouvait dire à tel ou tel subordonné, à tel ou tel maréchal, de se trouver à tel endroit à tel moment. C'était exceptionnel à l'époque. Mais, il était obligé de travailler ainsi, car il n'avait pas les moyens de manipuler les grandes unités avec la rapidité que l'on connaît maintenant.

N'a-t-il pas commis quelques erreurs comme à Marengo ou a Eylau ?

J.L. : Il a commis un certain nombre d'erreurs. Celle d'Eylau a été transformée en victoire. C'est un peu notre défaut de transformer des défaites en victoires. Plus tard, ce défaut a été exploité sous forme de désinformation. Dans les grandes guerres, y compris la dernière, en faisant croire à des forces ou à des faiblesses, on provoquait chez l'ennemi des réactions qui pouvaient tourner à notre avantage. Napoléon l'a très bien fait. A Eylau, il a rétabli la situation.

1

2

1- Napoléon à Iéna (14 octobre 1806). Il est à son apogée, tel qu'en 1853 Ingres le représente (médaillon) **2-** Image moins reluisante de la guerre, un des « traîneurs » qui suivent à la trace la Grande Armée.

1 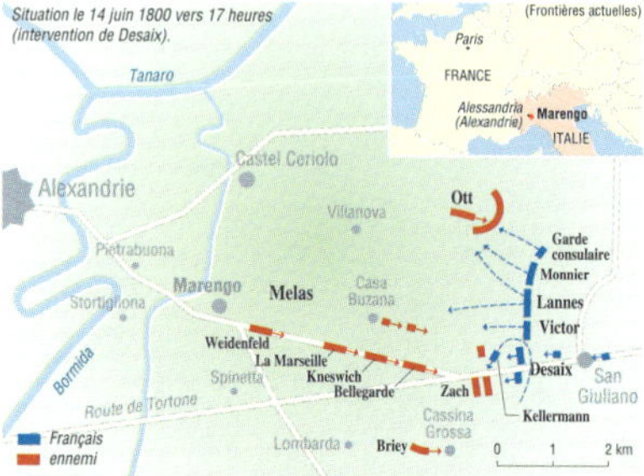

1- La bataille de Marengo lors de l'intervention de Desaix (14 juin 1800) **2-** *La Bataille de Marengo*, par Lejeune **3-** Abel Dieudonné, le *Napoléon* d'Abel Gance **4-** *Le Départ*, lithographie de Victor Adam : un jeune conscrit quitte son village.

2

3

4 

5
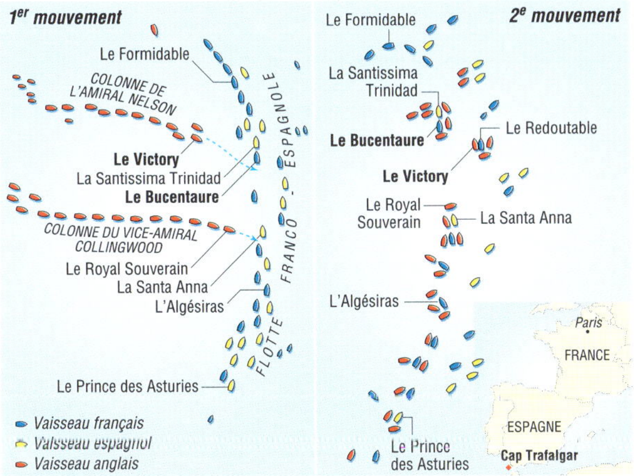

6

7

Trafalgar, 21 octobre 1805 :
5- Les deux grandes phases du combat **6-** Le *Temerarious* (à droite) ravage le pont du *Redoutable* **7-** Ce tableau anglais montre bien la rupture de la ligne entre flotte française (au premier plan) et flotte espagnole (au fond) par la *Royal Navy*

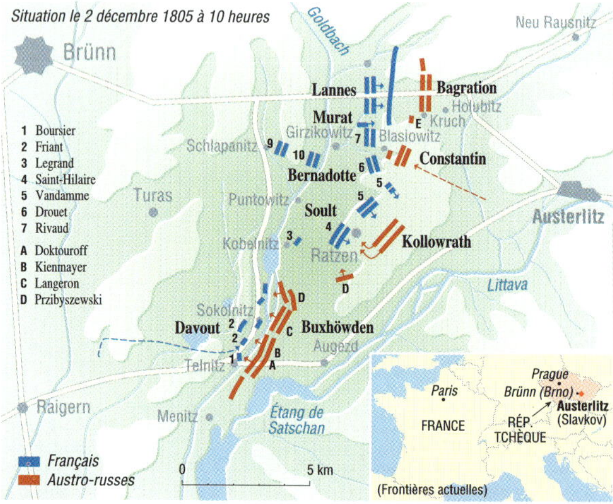

1

2

Austerlitz, 2 décembre 1805 **1-** La situation à 10 heures **2-** *Le bivouac de l'Empereur*, à la veille de la bataille, par Lejeune **3-** Le général Rapp présente à Napoléon le prince Repnine, commandant des chevaliers-gardes russes. La retraite, et bientôt la déroute, des ennemis sont désormais consommées **4-** *Le chirurgien Larrey à la Moskowa* (1812), une idéalisation des faits, car Napoléon ne s'encombre pas d'ambulances sur le camp de bataille **5-** La détresse des blessés : ici à Vienne, après la bataille de Wagram (1809).

3

4

5

1

2

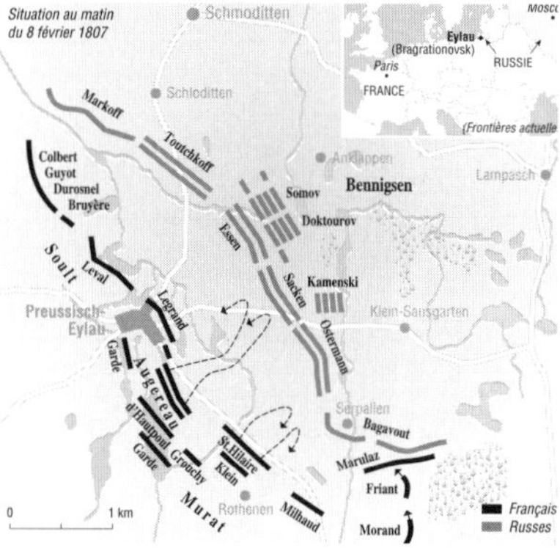

1- *Le culte de l'Empereur* (anonyme)
2- La situation à Eylau au matin du 8 février 1807, avant l'hécatombe (43 000 victimes)
3- *Napoléon sur le champ de bataille d'Eylau*, par Gros. C'est désormais l'ère des succès mitigés et des boucheries. Le 14 février, l'Empereur écrit d'Eylau : « Ce pays est plein de morts et de blessés ».

3

4

5

6

Les atrocités de la guerre en Espagne
4- Une des 82 gravures de Goya qui forment le cycle des *Désastres de la guerre*, témoin des atrocités françaises
5- Un pendu de Goya, autre gravure de la série des *Désastres*
6- *L'assaut du monastère de San Engracia*, à Saragosse (8 février 1809). Après la prise de la ville, à l'issue de féroces combats, on doit jeter dans l'Ebre 50 000 cadavres.

1

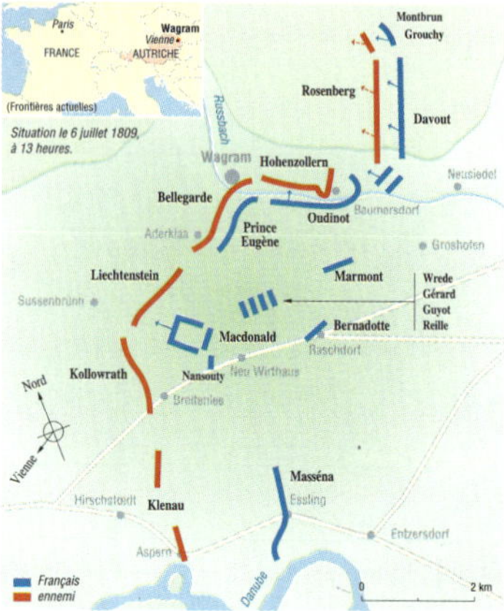

1- La situation à Wagram au début de la bataille (5 juillet 1809)

2- La division Broussier à Wagram, le 6 juillet. Le général a perdu alors un cinquième de ses effectifs. Il fait former le carré par ses hommes, puis fait jurer à ses braves de ne pas faire un pas en arrière et de mourir jusqu'au dernier.

2

3

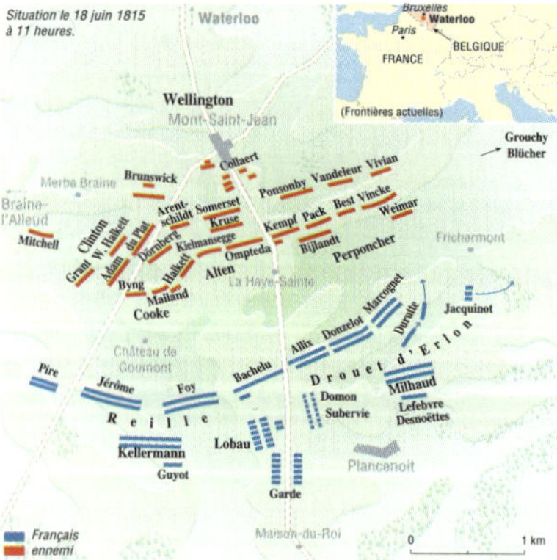

3- La dernière bataille : situation à Waterloo le 18 juin 1815, à 11 heures. Comme Broussier à Wagram **(2)**, Cambronne fera former le carré, mais le combat est alors sans espoir, et le sacrifice inutile.

Souvent, il a transformé des situations désastreuses en situations avantageuses. Pas toujours. Je pense encore à Waterloo, où il n'a pas pu récupérer Grouchy parce qu'il y a une chose sur laquelle il faut compter : l'action du subordonné n'est pas toujours celle que l'on attend. Je crois qu'il a fait une erreur en confiant ce commandement à Grouchy.

N'a-t-il pas fait d'autres erreurs en Espagne, en Russie ?

J.L. : La Russie était une erreur stratégique. En Espagne, il a fait une erreur tactico-stratégique, parce qu'il avait l'arrière-pensée de dominer l'Espagne politiquement. Là, il s'est engagé, je pense, un peu légèrement. Ce qui n'est pas le cas pour la Russie, pour laquelle il a fait une projection tout à fait extraordinaire. Il n'avait probablement pas toutes les informations nécessaires. Il est parti trop tard, erreur qu'un autre a commise après lui. Il n'a pas réalisé la difficulté qu'il y avait à manœuvrer à des milliers de kilomètres de ses bases dans une nature hostile. Il a échoué de très peu.

Doit-il ses succès à un charisme exceptionnel ?

J.L. : C'était une époque où la présence personnelle jouait beaucoup. Le « suivez-moi » était quelque chose qui comptait, d'où l'importance d'un Murat ou d'un Ney. C'est ainsi qu'il pouvait agir à distance sur d'énormes bataillons que ceux-ci entraînaient dans la victoire. En outre, il avait en face de lui des gens qui n'avaient pas sa propre aptitude à synthétiser des situations.

Le bilan n'est-il pas négatif pour la France, cantonnée par méfiance dans un rôle secondaire, enserrée dans

de nouvelles frontières qui plus tard entraîneront quelques problèmes ?

J.L. : Si l'on s'en tient aux faits, le bilan est négatif. Succédant à la Révolution, il y a eu un grand rêve français de constitution de l'Europe. Ce rêve s'est concrétisé à un moment donné, mais il s'est traduit, à la fin, par un insuccès politique d'abord et un échec militaire ensuite. La campagne d'Égypte montre que sa pensée allait encore plus loin : jusqu'à une vision mondiale globale. Il était peut-être en avance dans tous les domaines. La France était le pays le plus peuplé d'Europe, avec donc une pensée expansionniste. Cela n'était pas sans entraîner la méfiance de l'Angleterre. S'il n'avait pas échoué, on aurait peut-être évité les problèmes avec l'Allemagne. Dans son rêve, il y avait toujours une référence à Charlemagne, le premier unificateur de l'Europe.

Propos recueillis
par Jean Bruno

14. Comment Napoléon forge sa propre légende

par Jérémie Benoît.

L'Empereur, secondé par le précieux Vivant-Denon, met sur pied une propagande efficace. A sa mort, les jeunes libéraux romantiques assoiffés d'héroïsme font de Napoléon un dieu vivant.

Après les excès de la Terreur et l'impuissance du Directoire à redresser la France, le Premier consul allait proposer une troisième voie, celle de l'équilibre, fondée sur les principes de la Révolution. C'était compter sans les jacobins et les royalistes. Face à ses détracteurs, le jeune général corse n'eut bientôt plus d'autre solution que celle d'un régime personnalisé à outrance, vaste synthèse de deux idéologies antagonistes, la Monarchie et la République. Restaurateur du culte catholique, Napoléon se fit couronner Empereur des Français le 2 décembre 1804. La République devenait ainsi une monarchie de droit divin issue du peuple.
L'ambiguïté était totale. Il convenait donc d'imposer le nouveau pouvoir dans les esprits. Si de nombreuses mesures économiques, législatives et judiciaires avaient rallié la bourgeoisie, la masse des Français demeurait incrédule.

Le rejet de l'allégorie

L'Empereur, bien secondé par Vivant-Denon, directeur des Musées, mit alors sur pied une propagande par l'image qui allait se révéler efficace. Elle fut longue pourtant à se mettre en place, et les premières tentatives furent toutes vouées à

l'échec. Le concours de 1802, en effet, destiné à célébrer le Concordat et la paix d'Amiens, révéla les carences d'un art trop allégorique, et de ce fait difficilement compréhensible. Aucune des peintures soumises au jury ne fut réalisée. Le Premier consul y apparaissait sous les traits d'Apollon ou d'Hercule, identifié ainsi au Peuple ou à la France, comme dans l'esquisse de Pierre-Joseph François (musée de Malmaison). La décision ne se fit pas attendre, et Bonaparte rejeta la démarche allégorique. « J'aimerais beaucoup mieux qu'on habillât les gens tels qu'ils sont habituellement, déclara-t-il. Faire autrement est chose ridicule et bizarre. »
La même conception artistique retint le sculpteur vénitien Antonio Canova lorsqu'il représenta Napoléon à l'antique, c'est-à-dire nu. Cette statue de *l'Empereur en Mars pacificateur* déplut fortement au souverain.

Un mécénat d'État

En conséquence, Napoléon décida de remédier à cette situation en créant un véritable mécénat d'État, entièrement tourné vers le régime impérial. Le 6 août 1805, il écrivait à Pierre Daru, intendant de la Grande Armée : « Mon intention est de tourner spécialement les arts vers des sujets qui tendraient à perpétuer le souvenir de ce qui s'est fait depuis quinze ans [1789] ».
Dès lors, un art napoléonien officiel se mit en place, qui célébra les actions et les qualités du héros[28]. Bien que fortement critiquée, cette production remporta son premier succès au Salon de 1804, où Antoine Gros exposait ses *Pestiférés de Jaffa* (musée du Louvre). L'idéologie dominait dans cette œuvre. Touchant les écrouelles des soldats mou-

28 Avec, entre autres peintres, Géricault, Gros et Girodet.

rant, le général Bonaparte renouait ainsi avec les prérogatives des rois de France, vivantes images de Dieu sur terre. Si David, avec *Le Sacre* (1808, musée du Louvre), réalisa plus une prouesse technique qu'une véritable œuvre idéologique, d'autres peintres surent s'imprégner de l'esprit que leur dictait la propagande d'État. C'est ainsi que Claude Gautherot illustra le courage du héros protégé par les dieux, en peignant son *Napoléon blessé à Ratisbonne* (1810, Versailles, musée du château).

L'exploitation des sentiments

Si l'Empereur savait payer de sa personne, il savait aussi insuffler à ses soldats son énergie et sa gloire. Peignant *Napoléon dans l'île Lobau après la bataille d'Essling* (1812, Versailles, musée du château), Charles Meynier représentait le grand homme tendant le bras d'un geste protecteur auquel répondaient en communion les bras tendus des soldats blessés. Cette peinture énergique, véritable symbole à la gloire de la Grande Armée, trouva un écho avec une œuvre de Jean-Baptiste Debret, *Honneur au courage malheureux* (1806, Versailles, musée du château), qui évoquait la pitié dont savait faire preuve Napoléon à l'égard de ses troupes.

Mais cette pitié sous-tendait un aspect fondamental du régime impérial, ainsi formulé par l'Empereur : « La vaillance, l'amour de la gloire sont chez les Français un instinct, une espèce de sixième sens ». En effet, l'idée de gloire fut sans cesse au centre des préoccupations du régime. Pour rallier le peuple, Napoléon sut mettre en action l'élévation des sentiments humains, tous sentiments dont se sentit frustrée la génération romantique. Vigny n'écrivait-il pas dans *Servitude et grandeur militaires* (1835) : « Cette génération née avec le siècle, nourrie de bulletins par l'Empereur, avait toujours devant les yeux une épée nue, et vint la prendre au moment même où la France la remettait dans le fourreau des Bourbons »?

Pour l'heure, les notions de pitié et d'épopée furent abordées lors du concours de 1807 pour commémorer la bataille d'Eylau. Ce fut Antoine Gros qui remporta le prix, et réalisa le tableau, qui fut exposé au Salon de 1808 (musée du Louvre). Cette peinture montre Napoléon les yeux éperdus devant la masse des morts et des blessés. La noblesse de son action est saluée par la déférence d'un soldat russe qui se précipite aux pieds du souverain. Cette œuvre est l'illustration de cette réflexion de Napoléon : « Le geste d'un général aimé vaut mieux que la plus belle harangue ». La magnanimité fut quant à elle exploitée par Pierre-Narcisse Guérin avec son *Bonaparte pardonnant aux révoltés du Caire* (1808, Versailles, musée du château).

Un nouveau dieu

Les exemples de la grandeur impériale diffusée par les propagandistes pourraient être multipliés. Aucune image cependant ne devait remporter un aussi vif succès que *La Veille de la bataille de Wagram,* tableau d'Adolphe Rœhn exposé au Salon de 1812 (Versailles, musée du château). Très rapidement connue par la gravure sous le titre de *Bivouac d'Austerlitz,* cette œuvre apparaît comme la synthèse des qualités du héros divinisé.

L'idée de ce nouveau dieu, qui devait se développer à l'époque romantique, et donner son sens au Retour des Cendres, remontait à l'année 1806, date à laquelle fut instituée la Saint-Napoléon, célébrée le 15 août, jour de l'anni-

Dominique Vivant-Denon (1747-1825)
L'un des personnages essentiels de la vie artistique sous l'Empire fut Dominique Vivant-Denon, conseiller artistique de Napoléon, un « homme étrange », à la « carrière bizarre, où les platitudes semi-narquoises du flagorneur émérite se mêlent à la bravoure insouciante du gentilhomme français, à l'austère fierté de l'artiste convaincu, à l'immoralité d'un lovelace ».
Il fut, en effet, avant l'Empire, secrétaire d'ambassade à Saint-Pétersbourg, auteur d'un conte libertin, témoin de l'éruption du Vésuve. Protégé par David, remarqué par Robespierre, fréquenté par Talleyrand, il charma Bonaparte, qui l'emmena en Égypte. En 1802, « nommé directeur du musée central des arts, il devient une sorte de directeur des Beaux-Arts » (Jean Tulard). Il contrôle alors tout ce qui touche les arts : enrichissement des musées grâce à ce que d'aucuns ont qualifié (sans doute à tort) de pillage des œuvres d'art en pays conquis, élaboration de la colonne Vendôme, installation des chevaux de Venise sur l'arc du Carrousel...
Un passage de ses souvenirs, intitulés *Voyage dans la Basse et la Haute Égypte pendant les campagnes du général Bonaparte* (Paris, 1802), montre bien son intérêt à l'étude des arts, doublé d'un certain détachement vis-à-vis de la qualité de vie de certains de ses contemporains : « Nous arrivâmes devant un village ; nous ne sûmes que le lendemain qu'il s'appelait El-Besera, car le soir il n'y avait pas un habitant pour nous le dire : j'aimais assez trouver les villages déménagés, pour ne pas entendre les cris des habitants que l'on était forcé de dépouiller : il ne restait que des murailles dans les déménagements prévus ; les portes et les chambranles étaient emportés et un village abandonné depuis deux heures avait l'air d'une ruine d'un siècle ». Peut-on se montrer plus romantique ?
Jacques Garnier

versaire de l'Empereur. Cette déviation du pouvoir bonapartiste avait autorisé certains artistes comme Ingres à représenter le souverain dans une gloire intemporelle. Son *Napoléon assis sur son trône* (1806, musée de l'Armée), avait déplu pourtant. L'œuvre, qualifiée de « bizarre » et de « gothique » fut rejetée au profit de portraits plus réalistes, comme les portraits de l'Empereur en costume du sacre par Gérard diffusés dans les préfectures et les tribunaux.

L'Ogre supplanté par le demi-dieu

C'est ainsi cependant que l'on s'achemina vers un nouvel aspect de la propagande napoléonienne, fondé avant tout sur les aspects cultuels, c'est-à-dire divins de l'Empereur. Il faut dire cependant que les luttes politiques et idéologiques de la fin de l'Empire avaient favorisé ce développement. Les caricaturistes et pamphlétaires s'étaient en effet acharnés sur l'image de l'Ogre assoiffé de sang.

A la Restauration, étriquée, réactionnaire et obscurantiste, on opposa très vite l'Empire, monde de grandeur héroïque. La reconquête des esprits se réalisa dans le peuple grâce aux soldats retournés à leurs champs. L'Ogre fut très tôt supplanté par le demi-dieu. La mort de l'Empereur à Sainte-Hélène le 5 mai 1821 agit plus tard comme un détonateur. Coupée de la population, la monarchie ne put enrayer la propagande bonapartiste. Artistes et écrivains se lancèrent dans l'aventure d'une réévaluation de l'épopée. Dès 1820, Horace Vernet peignit *La Défense de la barrière de Clichy par le maréchal Moncey* (refusé au Salon de 1822, musée du Louvre). Parallèlement, la publication *du Mémorial de Sainte-Hélène* par Las Cases en 1823, révéla les souffrances du héros. Les bonapartistes relevèrent la tête. Parmi eux, le colonel Pelletier de Chambure publia en 1824 un *Napoléon et ses contemporains,* dont l'illustration fut confiée à de jeunes artistes romantiques : Steuben, Devéria, Johannot, Lami ou Charlet.

Ce fut la culture populaire qui s'empara la première de la figure de Napoléon. Des manufactures d'assiettes, Choisy, Creil, Montereau, multiplièrent les services décorés de sujets napoléoniens : batailles, portraits de généraux, souvent inspirés de recueils comme *Les Fastes de la nation française,* publié à partir de 1803. Dans le peuple circulaient aussi les chansons de Béranger ou de Debreaux. « Toujours lui ! Lui partout ! », écrivait Victor Hugo dans *les Orientales* en 1829. Napoléon était devenu le modèle de toute une génération. C'est à lui que se référait sans cesse Julien Sorel, dans *le Rouge et le Noir* de Stendhal (1831), pour tenter de se libérer du carcan social.

La dimension sacrée doubla cependant très vite les aspects politiques de la réhabilitation de l'Empereur. On passa alors à une véritable religion. Déjà, certains colporteurs n'avaient pas hésité à vendre des statuettes de Napoléon aux côtés de

Louis David (1748-1825)
Il commence son apprentissage à Paris et se rend à Rome. Il rencontre Napoléon Bonaparte dont il esquisse le portrait au Mont Saint-Bernard entre 1798 et 1800. Il est nommé premier peintre de l'Empereur et, en décembre 1814, est chargé de commémorer les scènes principales des fêtes du couronnement : *Le Sacre* (1805-1810, Louvre) et *Distribution des Aigles* (1810, Versailles). David s'exile en Belgique lorsque Louis XVIII arrive au pouvoir.

représentations du Christ et de la Vierge. Il semble qu'en ce domaine, la franc-maçonnerie ait joué un rôle fondamental : l'Empereur apparaissait comme le bras armé du Grand Architecte de l'Univers, venu sur terre régénérer l'humanité.

Louis-Philippe exploite le mythe

Tout ce travail de sape du régime monarchique organisé par les bonapartistes passa en héritage à Louis-Philippe en 1830, après la chute de Charles X. Expérimentant une troisième voie, entre royalistes légitimistes d'une part, et républicains et bonapartistes d'autre part, Louis-Philippe allait donner des gages à l'opposition de gauche. Il est vrai que le 5 mai de chaque année, jour anniversaire de la mort de l'Empereur, des émeutes éclataient au pied de la colonne Vendôme.

Louis-Philippe se contenta d'abord d'officialiser la légende en multipliant les gestes de bonne volonté. Sa première action fut de restituer la statue de l'Empereur au sommet de la colonne Vendôme. En 1833 il fut décidé d'achever l'arc de triomphe de l'Étoile, qui fut inauguré en 1836. Commencés sous Napoléon, les travaux traînaient en longueur, lorsque Louis-Philippe décida de dédier le monument aux armées de la République et de l'Empire. A cet arc monumental, il convient d'ajouter encore la création du Musée de l'histoire de France au château de Versailles, qui intégra l'Empire dans la chronologie. Inauguré en 1837, ce musée recueillit les tableaux peints sous Napoléon.

Tout tendait vers la « résurrection » de l'Empereur. Les esprits y étaient préparés et ce fut grâce aux manœuvres politiciennes d'Adolphe Thiers que Louis-Philippe consentit enfin en 1840 à réclamer le corps de Napoléon aux

Anglais. Une expédition commandée par le prince de Joinville, fils du roi, fut envoyée à Sainte-Hélène. Elle était de retour en décembre. Parvenu à Courbevoie, lieu de débarquement, le cercueil fut veillé dans la nuit du 14 au 15 décembre 1840 par d'anciens soldats de l'Empire. Puis le cortège remonta les Champs-Élysées et parvint aux Invalides. Le culte napoléonien atteignit son apogée en cette année 1840. Napoléon était devenu une sorte de nouveau Messie.

Cette venue d'un nouveau dieu sur terre n'était pas un vain mot. Il ne restait plus qu'à restaurer l'Empire. Ce fut chose faite avec le coup d'État de Napoléon III le 2 décembre 1851.

15. Les bulletins exaltent le génie de l'Empereur

par Jean Tulard.

En faisant diffuser à plusieurs milliers d'exemplaires les bulletins de la Grande Armée qu'il rédige lui-même, Napoléon se préoccupe du moral de « l'arrière ». Il organise aussi des défilés et présente les drapeaux et objets d'art qu'il a pris à l'ennemi.

On l'oublie trop : les guerres napoléoniennes avant 1814 se déroulent hors du territoire national, souvent à de très grandes distances de la France. Comment apprenait-on la nouvelle des victoires ou des défaites, et comment réagissait-on ?

Des bulletins dictés sur le champ de bataille

Aussitôt la bataille livrée – et même pendant son cours – des estafettes partaient vers Paris avec les dernières nouvelles du combat. On sait comment ces estafettes annoncèrent prématurément un revers à Marengo (1800). On sait aussi que Rothschild aurait préféré à ces nouvelles portées par estafettes l'emploi de pigeons voyageurs lors du désastre de Waterloo. Les estafettes portent des messages laconiques, rarement chiffrés visant à tenir au courant les autorités. Le télégraphe s'arrête à Strasbourg et à Lyon.

Après la bataille, Napoléon dicte un bref récit des opérations, parlant de lui-même à la troisième personne. Les officiers de son état-major le mettent en forme. Une forme quasi immuable : description de l'engagement, principales phases du combat, bilan des pertes ennemies puis des pertes françaises, énumération des actes de bravoure. Le style est clair, nerveux, visant à susciter l'enthousiasme.

Une propagande sujette aux maladresses

N'attendons pas de ces bulletins un récit exact et objectif. Les chiffres des pertes sont approximatifs et revus à la baisse pour le camp français. Tout doit viser à exalter le génie militaire de Napoléon. Ainsi, rendant compte de la bataille d'Iéna, le bulletin du 15 octobre 1806 laisse en partie dans l'ombre Auerstädt. Le bulletin consacré à Wagram n'est pas, non plus, un modèle d'objectivité.

A partir de 1812, les bulletins tendent à minimiser les défaites napoléoniennes. Le désastre de Leipzig (1813) est attribué à l'impéritie d'un caporal qui a fait sauter prématurément un pont : « On ne peut encore évaluer les pertes occasionnées par ce malheureux événement, mais on les porte par approximation à 12 000 hommes et à plusieurs centaines de voitures. Les désordres qu'il a portés dans l'armée ont changé la situation des choses : l'armée française victorieuse arrive à Erfurt comme y arriverait une armée battue ». Ce qu'elle est en réalité et ce que souhaite dissimuler le bulletin.

Cela ne va pas parfois sans maladresse. Lors de la retraite de Russie, le 29e bulletin après avoir décrit les souffrances de l'armée, s'achève ainsi : « La santé de Sa Majesté n'a jamais été meilleure ». Il s'agit certes d'une réponse à l'annonce de la mort de Napoléon par Malet lors de son tout récent complot, mais la formule n'en est pas moins malheureuse.

Les soins particuliers des autorités

Nombre de bulletins mettent en avant des traits héroïques, montrant que la légende napoléonienne s'est forgée bien avant le *Mémorial*. Ces traits sont destinés à alimenter les conversations en France. L'origine des bulletins n'est jamais indiquée. Napoléon n'écrivait-il pas, le 28 novembre 1808, à Cambacérès : « Les bulletins ne sont pas des pièces avouées, ils doivent paraître dans le *Moniteur* sans qu'on sache d'où ils viennent. Aucune périodicité. Les bulletins sont rédigés après chaque combat ou rendent compte de la progression en territoire ennemi. Il peut y avoir deux bulletins dans la même journée. Rédigé, le bulletin est envoyé aussitôt par estafette à Paris. Il est publié dans *le Moniteur*, après un délai de quelques jours de façon à éviter de fournir des renseignements à l'ennemi. Les autres journaux recopient ensuite *le Moniteur*. Mais leur diffusion reste faible » ?

C'est pourquoi le bulletin est imprimé – à Paris et en province – sous la forme de feuillets in-8° ou d'affiches grand format. Le 4 mai 1809, le ministre de l'Intérieur donne aux préfets la marche à suivre : « Il convient de satisfaire le juste empressement qu'auront dans cette occasion les citoyens de tout ordre de connaître les progrès de l'armée et de suivre l'Empereur dans le cours de ses victoires. Il sera donc à propos que vous fassiez réimprimer les bulletins à mesure qu'ils paraîtront. Je désire que dans tous les départements les bulletins soient réimprimés dans le même format. Il faudra disposer la composition de manière que les formes puissent servir également à l'impression des placards et à celle des exemplaires destinés à être pliés in-8°. Le papier sera de qualité commune, telle que celui du *Bulletin des lois* ».

C'est dire l'intérêt attaché à ces récits des combats. Nul ne doit les ignorer. « Le moment de l'arrivée des bulletins, indique le préfet de l'Aisne aux maires de son département, sera annoncé dans toutes les villes, bourgs et villages, au son

de la cloche ou de la caisse, et il en sera donné immédiatement lecture publique par le maire, l'adjoint ou le greffier de la mairie, ou toute autre personne qui serait commise à cet effet. Cette lecture sera réitérée le dimanche qui suivra l'arrivée des bulletins à l'issue de la messe paroissiale. Les maires se concerteront au surplus avec MM. les curés et desservants. Les citoyens sont invités à ne considérer comme certains que les faits annoncés par les bulletins déjà publiés et à ne donner foi aucune aux nouvelles hasardées que la malveillance ou l'oisiveté peuvent colporter. »
L'affiche suscite des réserves de la part des préfets. Celui de l'Orne indique que beaucoup de ses administrés ne savent pas lire et que mieux vaut une lecture publique.
Dans les lycées, raconte Vigny, « les maîtres ne cessaient de nous lire les bulletins de la Grande Armée et nos cris de « Vive l'Empereur ! » interrompaient Tacite et Platon ». Au théâtre, les acteurs suspendaient la représentation pour déclamer le bulletin fraîchement arrivé devant un public enthousiaste. Le tirage des bulletins est donc important : en 1812, le 18e bulletin est diffusé à 35 000 exemplaires en un jour.

Trophées de guerre et monuments

Quel fut l'impact de ces bulletins ? Considérable, si l'on en croit un tableau de Boilly intitulé *La Lecture du 7e bulletin*, qui nous montre une famille groupée autour d'une carte suivant avec exaltation les progrès de la Grande Armée. Seul, au centre, un couple d'amoureux, profitant de l'attention portée par les parents au bulletin, s'intéresse à une autre forme de stratégie. C'est par les bulletins que les campagnes de Napoléon sont connues en France.
Autre cérémonie : l'envoi à Paris au Sénat ou au Corps législa-

tif des drapeaux pris à l'ennemi. Et n'oublions pas les défilés et surtout ces parades devant les Tuileries, évoquées par Balzac dans *La Femme de trente ans* et Sainte-Beuve dans *Volupté*. Ces parades renforçaient l'idée d'une armée invincible.
L'exposition au Louvre, devenu musée Napoléon, des toiles et sculptures enlevées à l'ennemi attirait une foule considérable : 30 000 personnes pour les tableaux venus de la péninsule italienne. Le plus beau trophée de guerre n'est-il pas constitué par les quatre chevaux de bronze qui, après avoir orné les arcs de Néron et de Trajan, avoir été transportés à Constantinople puis rapportés par les croisés à Venise, ornent l'arc du Carrousel ? Enfin, la victoire est enracinée dans le paysage parisien par des monuments : colonne Vendôme, arc du Carrousel…

Entre enthousiasme et panique
Les réactions de la population nous sont connues. Pour la bourgeoisie il suffit de considérer le cours de la rente 5 % à la Bourse. Placement favori du bourgeois, la rente épouse exactement l'évolution militaire de l'Empire. A la confiance des années 1806-1809 succède, à partir de 1812, une baisse significative traduisant le détachement des rentiers à l'égard du régime.
Pour les classes populaires et l'ensemble de la population, il faut avoir recours aux bulletins du ministre de la Police générale et aux rapports de la préfecture de police. La rubrique « esprit public » s'attache à étudier les réactions de l'opinion. Ainsi, le bulletin de police du 21 octobre 1805 illustre assez bien les inquiétudes de « l'arrière » lors de la reprise de la guerre : « Les premiers bulletins de l'armée répandus dans Paris avaient produit le plus vif enthousiasme. On attendait

avec autant d'empressement que de confiance la nouvelle des avantages ultérieurs que les troupes de Sa Majesté paraissaient devoir infailliblement remporter sur l'ennemi d'après les positions respectives. Hier et aujourd'hui une vive inquiétude a succédé. On entend dire de toutes parts qu'il est arrivé un courrier dans la nuit de samedi à dimanche, que le télégraphe a été en mouvement le dimanche entier ; qu'on a très certainement reçu des nouvelles et que tout fait présumer qu'elles ne sont pas heureuses.» On n'a pas tiré le canon. Le 6e bulletin n'a pas paru. « Voilà pour les alarmistes des preuves certaines des revers qu'on prend soin de cacher. Il est certain qu'à Paris on n'a reçu, depuis le dernier bulletin, aucune nouvelle importante… »
L'annonce des victoires déchaîne en revanche l'enthousiasme. Lisons le rapport de la préfecture de police du 12 décembre 1805 : « Les premiers détails de la bataille du 2 frimaire [Austerlitz] apportés ici par M. le colonel Lebrun, aide de camp de S.M. l'Empereur et Roi, ont été publiés hier dans tous les spectacles et affichés de suite dans Paris. Le peuple est véritablement dans le délire de la joie et de l'admiration.»

« L'arrière » tiendra jusqu'en 1814. Mais la guerre se fait pesante à partir de 1809. En 1814, l'arrivée de l'ennemi sur le territoire français suscite des réactions diverses. Il n'y avait plus eu d'invasion depuis 1792. Dans l'Est, on résiste ; à Bordeaux et à Toulouse, on trahit ; à Paris, c'est l'effondrement tant on craint le sort de Moscou. Il en est toujours ainsi de l'arrière, enthousiaste dans la victoire, vite déprimé et pris de panique en cas de défaite. C'est ce que nous confirmera – hélas – la suite de notre histoire.

La Grande Armée

16. Comment la Grande Armée recrute ses conscrits,

par Alain Pigeard.

Les guerres napoléoniennes sont des guerres de masse. Louis XIV en avait donné l'exemple, les Américains le reprendront pendant la guerre de Sécession. Le recrutement est donc le nerf de la guerre, dans un conflit qui s'éternise, de 1792 à 1815, face à l'Europe coalisée. Avec la loi Jourdan-Delbrel qui institue la conscription, l'Empire envoie au combat 1 700 000 Français. C'est beaucoup, même pour une nation aussi peuplée. Cela ne suffit pas, et la Grande Armée doit avoir recours aux étrangers : Belges, Allemands, Italiens, Hollandais, Polonais et Suisses.

Les anciennes ordonnances royales de Choiseul de 1762 qui régissaient l'organisation de l'armée ayant été supprimées par la Révolution, la France, face aux dangers nés avec la coalition européenne, va d'abord se servir du volontariat en 1791-1792 pour combler les vides des armées royales. Devant la pénurie, la Convention institue, en 1793, la réquisition ; ce texte est resté dans l'histoire sous le nom de décret Barère. La réquisition n'est pas sans rappeler le système des milices de l'Ancien Régime, particulièrement détesté.

Jourdan, le « Père-Conscrit »

Le Directoire, sous l'égide du général Jourdan qui préside le Conseil des Cinq-Cents et du député du Lot au même

Conseil, Delbrel, fait voter une loi instaurant la conscription pour tous les Français. La loi Jourdan-Delbrel prévoit bien sûr des engagements possibles pour tous les hommes âgés de 18 à 30 ans. Pour les conscrits, la durée est de quatre ans en temps de paix mais elle est illimitée en temps de guerre. Désormais, tous les Français âgés de 20 à 25 ans doivent un service militaire. L'article 9 de la Déclaration des devoirs du citoyen énonce : « Tout citoyen doit ses services à la patrie et au maintien de la liberté, de l'égalité et de la propriété, toutes les fois que la loi l'appelle à les défendre ».

La guerre fait le service

En fait, c'est la durée des hostilités qui fait force de loi, ce qui a pour conséquences qu'un bon nombre de soldats va servir entre 1798 et 1814 sans interruption. La loi du 19 fructidor an VII réglemente de manière très précise la conscription et elle sera modifiée ou révisée une bonne centaine de fois.

Le décret du 8 nivôse an XIII (29 décembre 1804) prévoit la répartition du contingent, la confection des listes de conscrits et leur vérification, l'examen physique des conscrits, les conseils de recrutement – ancêtres du conseil de révision. En règle générale, les levées sont effectuées chaque année par sénatus-consulte et décret d'application.

Pour le Premier Empire, on compte 2 432 335 hommes appelés entre 1804 et fin 1813, car il n'y aura pas de levée lors des Cent Jours. Chaque département doit fournir le nombre de conscrits prévu par le ministre de la Guerre ; ceux qui mesurent plus de cinq pieds six pouces (1,78 m) sont destinés aux cuirassiers, aux carabiniers, à l'artillerie.

Le système de répartition du contingent est fixé dans chaque département par la loi du 3 germinal an XII (24 mars 1804) ; la répartition est faite entre les différents arrondissements d'après les bases de la population générale de chacun d'entre eux, en tenant compte, toutefois, des individus compris dans l'inscription maritime, c'est-à-dire les départements en bordure de mer qui fournissent des conscrits pour la marine. La répartition est effectuée par les préfets et les sous-préfets, et elle est rendue publique par voie d'affiche.

Les listes des conscrits sont dressées par les maires dans chaque commune ; elles comportent le nom de tous les jeunes garçons qui y habitent. Chaque municipalité doit avoir un registre des réclamations.

Échapper au service : critères physiques...

Comme on peut s'en douter la conscription, qui est une institution relativement nouvelle, n'est pas particulièrement populaire. Le peuple des campagnes va fournir en grande partie les gros bataillons de l'Empire. Il existe trois moyens légaux d'échapper à la conscription : le remplacement, l'incapacité physique ou le mariage. Quant aux moyens illégaux, ils sont multiples[29]… L'un des moyens classiques consiste à se faire arracher les dents de devant ou à les faire carier avec de l'acide ; cela a pour conséquence de ne plus pouvoir déchirer le papier des cartouches du fusil. Une autre technique consiste à se mutiler la main droite afin de ne plus pouvoir tirer au fusil. Certains s'infligent des plaies diverses qu'ils entretiennent avec des poudres d'arsenic. D'autres provoquent des écoulements continuels de salive. D'autres encore absorbent des drogues, etc. Mais tout conscrit convaincu de s'être volontairement mutilé est tenu

29 Voir chapitre suivant.

de se faire remplacer à ses frais ou de payer une amende. Le 12 mars 1806, un décret fut promulgué qui prévoyait que les conscrits mutilés seraient formés en compagnies de pionniers où ils devraient travailler cinq ans.
L'examen de conscription est présidé dans chaque département par le préfet et comprend entre autre l'officier général ou supérieur commandant le département, un sous-inspecteur aux revues ou un commissaire des guerres, l'officier commandant la gendarmerie du département et le capitaine de recrutement qui a voix consultative. L'examen des conscrits d'une commune se fait en présence du maire de la commune ou d'un adjoint qui devra attester des maladies, infirmités, ou malformations.
L'officier de santé fait passer le conscrit sous la toise. Selon l'article 11 du décret du 8 nivôse an XIII, la taille minimum est de quatre pieds neuf pouces, soit 1,544 m (au lieu de 1,598 m en 1798). Si le nombre des conscrits est suffisant, des exemptions ont lieu, sinon, on devient moins exigeant sur la qualité des hommes. Ainsi, Louis Pereuse, officier du 6e d'ar-

Question de taille
Les conscrits sont répartis dans les corps en fonction de leur taille. Pour entrer dans les grenadiers à pied de la Garde, il faut mesurer au moins 5 pieds 6 pouces (1,78 m) ; pour les chasseurs à pied de la Garde, la taille est un peu moindre, 5 pieds 4 pouces. Dans la cavalerie lourde – carabiniers et cuirassiers –, la taille est identique à celle des grenadiers à pied. Quant aux hussards ils doivent mesurer entre 1,651 et 1,597 m. Dans l'artillerie à cheval, la taille est identique à la cavalerie lourde, mais elle est un peu moins élevée dans l'artillerie à pied : 1,705 m.

tillerie à pied, écrit en 1810 : « On prend maintenant bossus, borgnes et boiteux ».

Critère d'âge...

Sont aussi exemptés de la conscription les jeunes gens qui n'ont pas l'âge légal.

Il convient de mettre les choses au point sur cette question d'âge. En effet une légende veut que les conscrits soient parfois des enfants. L'administration militaire napoléonienne, qui ne laissait rien au hasard – du moins dans les textes –, prévoit dans les sénatus-consultes l'âge des conscrits. A titre d'exemple, ceux de la classe 1806 sont les Français nés entre le 23 septembre 1785 et le 31 décembre 1786, ceux de la classe 1812 sont les Français nés entre le 1er janvier 1792 et le 31 décembre 1792. Les jeunes gens appelés dans les dernières années du règne impérial furent surnommés les « Marie-Louise », tout simplement parce que les décrets de conscription étaient contresignés par l'impératrice quand Napoléon était en campagne.

Chance et critères sociaux

En dehors du critère d'âge, on retrouve outre les critères physiques, les élèves de l'École polytechnique ayant rang de sergent d'artillerie ; les élèves de l'École spéciale militaire (future école de Saint-Cyr) ; le conscrit qui est l'enfant unique d'une veuve ; celui qui est l'aîné d'enfants orphelins au nombre de trois, lui compris ; le conscrit dont le père a atteint l'âge de 71 ans et les sous-diacres. L'analyse des registres de conscription du département de la Côte-d'Or indiquent les causes de réforme physiques suivantes : faiblesse de constitution, hernie complète, surdité, mauvaise

constitution, teigne, vices dartreux à la figure, vaisseaux variqueux au cordon spermatique, incontinence d'urine, jambe cagneuse, œil droit difforme, myopie, défaut de taille, bégaiement, épilepsie, perte de la première phalange du pouce du pied droit (*sic*), etc.
Si une commune comprend une centaine de jeunes gens en âge de porter les armes et que le nombre fixé par le préfet pour cette commune soit de cinquante, il faudra donc procéder au tirage au sort. Une centaine de numéros seront jetés dans une urne et les numéros de 1 à 50 seront incorporés, les autres seront placés « en réserve ». La loi permet des possibilités d'arrangement pour le conscrit qui souhaite se faire remplacer. Il doit trouver un remplaçant, qu'il lui faudra payer de 600 à 1 000 francs sous le Consulat, et de 1 900 à 3 600 francs à la fin de l'Empire. En pratique, 5 % du contingent se fait remplacer.

Avec la chute de l'Empire, la conscription va être supprimée en France. L'article 12 de la charte constitutionnelle du 4 juin 1814 stipule que « la conscription est abolie. Le mode de recrutement de l'armée de terre et de mer est déterminé par une loi ». Cette loi, dite Gouvion Saint-Cyr – du nom du maréchal, ministre de la Guerre – sera promulguée le 10 mars 1818. Elle rétablira la conscription sous une forme légèrement différente. La loi Jourdan-Delbrel sur la conscription aura donc duré deux siècles.

Étrangers et auxiliaires

Mais la conscription nationale n'était pas suffisante pour alimenter les troupes de la Révolution puis les troupes impériales, et tous deux eurent recours à des régiments étrangers.

Les troupes italiennes vont faire campagne sous l'Empire, principalement sous les ordres du vice-roi d'Italie Eugène de Beauharnais, elles feront les campagnes d'Autriche en 1809, de Russie en 1812 au 4e corps de la Grande Armée et lutteront en 1813-1814 sur le Mincio contre les Autrichiens et Murat. Quant aux Napolitains, alliés de Napoléon sous les ordres de leur souverain Joachim Murat, ils combattront contre nous en 1814, leur souverain espérant pas ce biais conserver son fragile royaume.
Les troupes des cantons suisses servirent l'Empire en vertu de la capitulation du 27 septembre 1803.
Les Belges entrèrent pour beaucoup dans la formation du 112e régiment d'infanterie de ligne, ainsi que dans les chevau-légers devenus 27e chasseurs à cheval. Quant aux soldats hollandais, ils serviront d'abord en qualité de troupes alliées, jusqu'à ce que la Hollande devienne département français après 1810.
La Confédération du Rhin, composée d'États allemands, fournissait également un grand nombre de combattants. Les Polonais sont incontestablement, parmi tous nos alliés, ceux qui furent les plus fidèles. Combattant dans nos rangs depuis 1797 en Italie, les derniers d'entre eux seront présents à Waterloo.
Le cas des Espagnols est un peu particulier : à côté des partisans de Joseph, toute une partie luttait contre nous en étant l'alliée des Anglais. La même chose advint pour les Portugais.

A côté de ces contingents principaux, il existait tout un ensemble de troupes à l'existence parfois éphémère, ou peu nombreuses : c'est le cas du régiment albanais, des chasseurs grecs d'Orient, des régiments croates, des régiments danois, des dragons de Hambourg et des dragons toscans, des lanciers lithuaniens, des mamelouks de la garde impériale. On trouve également quatre « régiments étrangers » : le régiment de La Tour d'Auvergne, devenu 1er étranger ; le régiment d'Issembourg, devenu 2e étranger ; le régiment Irlandais, devenu 3e étranger, et le régiment de Prusse, devenu 4e étranger.

Ainsi les pays alliés de la France durent-ils fournir des contingents en hommes, sans oublier la logistique (uniformes, munitions, nourriture, solde). Tout cela eut pour conséquence d'affaiblir ces pays, la Pologne en particulier. Après l'Empire, il ne leur restait plus que la gloire d'avoir combattu sous les Aigles françaises.

17. L'art et la manière de devenir réfractaire

par Hervé Luxardo.

Malgré un système répressif très lourd, le nombre des réfractaires augmente considérablement au cours des années. Les jeunes ne veulent plus être enrôlés et tous les moyens sont bons pour échapper à la conscription.

« Dans leur marche d'Orléans à Cosnes (Nièvre), beaucoup d'habitants du pays ont excité les conscrits à la désertion en leur assurant qu'on ne pouvait faire partir ceux du Loiret. Ils ont surtout cherché à les décourager en leur parlant d'expéditions lointaines pour lesquelles, leur disaient-ils, ils étaient destinés. Les moyens de douceur et de persuasion qu'ont employés les officiers envers les conscrits ont réussi à les retenir. Ils ont cependant perdu trois hommes. »
Cette lettre d'un capitaine recruteur est d'autant plus significative qu'elle est datée des débuts de la période napoléonienne (juin 1804) ; une époque où la population française semble adhérer aux projets du régime. Mais il est vrai que la résistance à la conscription ne débute pas aux dernières années de l'Empire.

Les réfractaires, phénomène précoce

Contrairement à une légende tissée par l'historiographie jacobine, la désertion a commencé dès l'époque des soldats de l'an II. Un exemple parmi tant d'autres : dans le village de Puy-Guillaume (Puy-de-Dôme), le cahier de délibéra-

tions municipales mentionne 12 déserteurs de 1793 à 1800. Rappelons que le système du tirage au sort, pour suppléer le manque d'enthousiasme patriotique, et du remplacement, où les plus pauvres s'engageaient à la place d'un plus riche, fonctionnaient dès le début des guerres de la Révolution.
Il reste que, de la fin de la Révolution jusqu'à la veille de l'entrée en guerre en Espagne, la conscription a été modérée. Moins d'un million d'hommes furent levés. Exemptions et remplacements furent d'ailleurs nombreux.

Le tournant de la guerre d'Espagne

Les résistances à la conscription ne devinrent inquiétantes pour le régime impérial qu'à partir de l'automne 1808. De janvier 1808 à novembre 1813, plus de 1 000 hommes furent mis à la disposition du gouvernement par le Sénat. Pendant cette période, l'achat d'un remplaçant n'engageait plus l'avenir et on avançait même les dates de l'appel. En décembre 1810, le ministre de la Marine n'hésite pas à lever 40 000 soldats dans 30 départements pour les classes 1813, 1814, 1815 et 1816.
La résistance à la conscription s'organisa spontanément. Logiquement, l'opposition la plus vive venait des jeunes appelés. Elle se manifesta de plusieurs manières. C'est d'abord dans les conseils de recrutement, « des jeunes gens qui se font arracher toutes les dents pour ne pas servir », ou qui « les ont cariées presque toutes en employant des acides ou en mâchant de l'encens » ou encore qui « se font des plaies avec de l'eau imprégnée d'arsenic » (le préfet de Seine-Inférieure). C'est aussi par le mariage, « au mépris de toutes les bienséances sociales », que des jeunes hommes épousent « des femmes dans l'âge de la dernière caducité » pour échapper à l'armée (le préfet du Var en 1813).

Réfractaires et déserteurs

Les deux dernières façons de résister à la conscription sont les plus employées : être réfractaire et déserter. Les réfractaires refusent de rejoindre l'armée, disparaissant bien avant la conscription. Le plus souvent, les futurs appelés agissent seuls, parfois ils quittent en groupes la colonne qui les conduits jusqu'à leur régiment. La population peut même prêter main-forte aux conscrits. En 1809, le préfet de Tulle se plaint du nombre considérable de réfractaires. L'année précédente, on relevait sur un contingent de 623 hommes, 133 réfractaires !

Quant aux déserteurs, - moins nombreux - c'est déjà sous les drapeaux qu'ils fuient le régiment.

A la fin de l'Empire, rien ne semble en mesure d'endiguer le phénomène d'hostilité à la conscription. Parfois des bandes parcourent la campagne (ainsi dans la Creuse) sans que la gendarmerie ne puisse s'y opposer. Certains préfets comme ceux de la Loire et de la Somme font prévenir les réfractaires de la route des militaires lancés à leur poursuite. Dans le Nord-Pas-de-Calais, la résistance s'apparente à une chouannerie. Le chef des réfractaires, Fruchard, surnommé « Louis XVIII », mène de novembre 1813 à février 1814 une guérilla efficace contre les autorités, réunissant jusqu'à 800 appelés et paysans. En janvier, la région échappe totalement à l'administration : sur 300 conscrits convoqués le 22 janvier à Arras, 16 se présentent !

Le système répressif mis sur pied par l'administration napoléonienne fut cependant très lourd. Non seulement les réfractaires étaient punis de fortes amendes acquittées par leurs familles, de peines d'emprisonnement et de travaux

forcés, mais de plus ils étaient privés de tout droit politique et d'héritage.
Les déserteurs encouraient une peine plus grave : la peine de mort. S'ils échappaient à la peine capitale, ils étaient astreints aux travaux forcés, un lourd boulet au pied (en général 10 ans). Pour les rendre reconnaissables, moustaches et cheveux leur étaient très régulièrement coupés. Enfin on mit en place et on généralisa le système des « garnissaires ». Il consistait à loger, nourrir et blanchir aux frais des familles un ou plusieurs gendarmes avec un droit d'amende journalier progressif jusqu'au retour de l'insoumis. Ce moyen accula à la ruine bien des parents et les habitants les plus aisés des communes, qui étaient tenus pour responsables.
Toutes mesures qui n'empêchèrent pas l'Empire de s'effondrer.

18. La dure vie quotidienne des soldats

Entretien avec Alain Pigeard.

Entre 1804 et 1815, 1 700 000 Français partent sur le théâtre des opérations. Où vivent les hommes de la Grande Armée ? Que mangent-ils ? Le professeur Alain Pigeard répond sur leur vie quotidienne.

Évoquons la solde du soldat. Que représentait-elle réellement ?

Alain Pigeard : La solde était payée de façon très aléatoire et toujours après la bataille – on comprend pourquoi. Trente centimes par jour pour un simple soldat. En temps de paix, il devait s'en servir pour pourvoir à son alimentation. En temps de guerre, l'armée doit la prendre en charge. Mais nous touchons là l'une des quatre lacunes de l'armée napoléonienne : les vivres, la solde, les chaussures et le service de santé.

L'argent de la solde était-il accepté dans les pays étrangers ?

A.P. : Oui car le poids du métal servait de parité, beaucoup plus que la valeur indiquée sur la pièce. Par ailleurs, les officiers étaient obligés de dépenser leur solde pour conserver un uniforme correct et devaient acheter leurs chevaux ou en emprunter quand l'occasion se présentait (on disait « trouver »).

Pour s'enrichir ou plus pour se nourrir, les soldats français étaient-ils coutumiers du pillage ?

A.P. : Il s'instaure à partir de 1795, quand le manque d'argent se fait sentir. Il ne s'exercera à plein que dans les villes espagnoles, par esprit de vengeance, ou à Moscou. Ailleurs, il dépend des conditions de vie et du comportement du général qui commande. Celui de Davout était, bien plus que d'autres, exemplaire. Mais comment ne pas suivre l'exemple donné par des pillards comme Soult, Masséna, Augereau, Brune, Vandamme (le plus grand pillard de l'armée selon Napoléon) ? Ils n'étaient cependant pas mis en cause par l'Empereur pour leurs exactions : celui-ci avait besoin d'eux.

Où habitaient les soldats en campagne ?

A.P. : Quand ils arrivaient dans des villes étrangères, les soldats recevaient des billets de logement. Ils étaient par conséquent logés et nourris aux frais de l'habitant qui avait des instructions très précises quant aux conditions dans lesquelles devait se dérouler cet hébergement. Par ailleurs, les commissaires de guerre étaient chargés d'approvisionner les corps d'armée et de constituer des réserves dans les villes stratégiques, ces achats étant généralement réalisés à l'aide des tributs payés par les pays occupés. Cependant l'armée se déplaçait souvent tellement vite, qu'il devenait impossible à l'administration impériale de faire face. En campagne, le soldat tachait donc d'être prévoyant.

Le soldat en guerre. Où couchait-il le soir ?

A.P. : Il n'y avait pas de tente pour les soldats. Celles-ci étaient bien trop lourdes à transporter. Alors, ils bivouaquaient, rassemblant des matériaux de fortune pour se protéger. Mais ils étaient habitués au froid : n'oublions pas que les chambres n'étaient pas chauffées à l'époque : 8 degrés était la norme.

Parlons de l'organisation du bivouac.

A.P. : Il s'agissait d'un travail d'équipe. Les soldats se regroupaient par sept, huit, douze au maximum, et se répartissaient les tâches. Un groupe construisait l'abri, un autre s'occupait du repas, un troisième nettoyait les armes et le dernier cherchait la nourriture du lendemain. Le repas était constitué d'un « bouilli », un plat à mi-chemin entre la potée et le pot au feu. On mélangeait viande et lard avec des pommes de terre, des haricots ou des choux. Et on y trempait le pain. Les soldats à tour de rôle mangeaient dans une gamelle commune : l'on dit qu'« ils font gamelle ».

Quels étaient les horaires du soldat ?

A.P. : Ils étaient fonction du soleil. Le soldat se lève à 5 heures en été et 6 heures en hiver. Il est censé se coucher vers 20 heures. Le premier repas – le « bouilli » – a lieu vers 10 heures et le second à 16 heures. Le café existe. Les privilégiés, les officiers, boivent du café ou du chocolat le matin. L'officier vit de la même manière que la troupe jusqu'au grade de capitaine. Le début du confort n'intervient qu'à partir du grade de chef du bataillon.

Parlons des déplacements des armées.

A.P. : Il s'agissait d'une des grandes forces des armées napoléoniennes. En route pour Austerlitz, de Boulogne à Strasbourg, les soldats ont avancé plus vite que les chars de Guderian en 1940 : 60 km par jour ! En règle générale, la cadence moyenne était de 4 à 6 lieues par jour, soit une moyenne de 20 km. Mais il fallait porter une vingtaine de kilos. Avant la bataille d'Austerlitz, le corps d'armée de Davout ira de Vienne à Brünn en deux jours : 130 km ! Pensez aux chemins de l'époque !

Quels soins le soldat apporte-t-il à sa personne ?

A.P. : Il se rase une fois par semaine : le dimanche. Dans la cavalerie, les cheveux se portent longs, tressés sur la nuque pour protéger des coups de sabre. Et sur les oreilles, il y a des cadenettes, c'est-à-dire des tresses, plombées au bout. Les soldats mettent parfois dans leurs tresses un morceau de bois pour assurer encore une meilleure protection.

Dans la cavalerie, à partir de 1808, il est demandé que les cheveux soient coupés courts mais le refus sera général. Dans l'infanterie, les cheveux sont courts, sauf la Garde qui les porte longs et les poudre, pour bien marquer sa différence.

La Légion d'honneur

Le gouvernement révolutionnaire avait supprimé toutes les décorations. Napoléon comprenant le poids psychologique des décorations créa par décret du 29 floréal an X (19 mai 1802) la Légion d'honneur pour récompenser les vertus civiles et militaires. On trouve en 1802 quatre grades : grand-officier, commandant, officier et légionnaire (ou chevalier). Furent titulaires de droit tous ceux qui avaient obtenu une arme d'honneur ou qui avaient été cité de façon élogieuse dans un bulletin, ce qui est le cas de Coignet pour sa conduite à Montebello en 1800. Il y aura 6 512 croix décernées à sa création ; à la fin de l'Empire 1 400 civils et 46 600 militaires ont été décorés (48 généraux ne le sont pas). Napoléon aimait décorer ses soldats de manière spectaculaire. Ainsi, le grenadier Scheltens est décoré au soir de la bataille de Brienne, à 24 ans. La remise de cette décoration est ce qui est le plus apprécié à l'époque, on la préférait à un avancement.

Les uniformes ?
A.P. : On compte trois types de tenue : la tenue de parade, avec guêtres blanches et culotte blanche ; en temps normal : l'habit-veste avec un gilet à manches longues ; et la capote qui sert en quelque sorte d'habit d'hiver.

Échangeaient-ils des lettres ?
A.P. : Une lettre mettait un mois pour aller de Moscou à Paris. Les lettres transitaient par Strasbourg, puis Paris et étaient ensuite distribuées. La poste marchait bien : 15 jours par exemple d'Autriche à une ville française.

Un système de permission existait-il ?
A.P. : On employait le mot congé. Pour les officiers, congés de semestre, c'est-à-dire, six mois environ de repos quand l'occasion se présente. Pour l'homme de troupe pas de permission. Rappelons qu'ils n'étaient pas mariés puisque les mariés étaient, par principe, exemptés.

Alors quand faisaient-ils des enfants ?
A.P. : Paradoxalement, après 25 ans de guerre et 600 000 morts, la population française est plus nombreuse en 1815 qu'en 1789. Comprenons-nous bien ! Sur une population de 35 millions, seulement 1 700 000 hommes vont partir soit quatre ou cinq fois moins que la guerre de 1914-1918, qui a mobilisé 7 millions de combattants. L'hécatombe que certains auteurs ont avancé n'a pas vraiment eu lieu. En fait, au moins 50 % de la population mâle n'a pas connu les campagnes de l'Empereur.

Compte tenu des campagnes quasi ininterrompues, quand revenaient-ils en France ?

A.P. : Certains resteront dix ans (1804-1814) sans revoir leur famille. On trouve des témoignages prouvant que, pour nombre d'entre eux, leurs familles ont eu du mal à les reconnaître.

Les soldats, nous venons de le rappeler, ne rentraient que très occasionnellement en France. Quelle était la vie sexuelle des soldats pendant les campagnes successives ?

A.P. : En campagne, elle n'était pas, bien sûr, très exaltante. Beaucoup de femmes suivaient l'armée : les prostituées, en très grand nombre, mais elles ne sont pas réglementées, contrairement aux vivandières et aux cantinières ; les cantinières, au début, n'étaient que les femmes des cantiniers, chargées de préparer les repas des officiers. Progressivement, la cantinière va se substituer à la vivandière, qui vend des vivres. On compte 4 cantinières et 4 blanchisseuses pour 800 hommes, elles sont autorisées officiellement à suivre les régiments.

A côté, donc, les « traînées » suivent sans autorisation. Elles sont souvent pourchassées par les officiers car elles transmettent des maladies qui accablent les armées à cette époque : les maladies vénériennes. Les autres maladies sont le tétanos, le typhus et la gangrène. Ces 4 fléaux feront d'ailleurs plus de morts que les batailles, pourtant sanglantes, de la Grande Armée. Heureusement pour les soldats français quand ils entrent dans les villes conquises, ils sont autorisés à s'occuper des femmes…

Quel accueil reçoivent-ils ?

A.P. : Plutôt bon. Le soldat français ne se plaint pas. Le Français du XVIIIe siècle dispose d'une excellente réputation dans ce domaine.

Les femmes n'avaient pas peur des occupants ? Il n'y avait donc pas de haine envers le vainqueur, l'ennemi ?

A.P. : Les soldats ne sont pas les croque-mitaines que l'on se plaît à décrire. En Espagne, au Portugal, en Calabre, la haine existait, bien sûr. Mais à Vienne, pas d'animosité qui se traduise par des assassinats de soldats. Quand la bataille est finie, on s'installe dans la ville, on fraternise.

On dit que la franc-maçonnerie s'est beaucoup développée dans les armées napoléoniennes ?

A.P. : La maçonnerie va se répandre à partir de la Révolution, le grand maître étant à l'époque, Philippe-Égalité.

Être maçon supposait pourtant de savoir lire et écrire ?

A.P. : Oui, sont donc concernés surtout les officiers et, en particulier, les officiers dit subalternes - sous-lieutenants, lieutenants et capitaines - 30 à 50 % d'entre eux en font partie. Beaucoup de maréchaux - dix-huit sur vingt-six- sont également maçons, comme Masséna, grand représentant du grand maître et membre du 33e degré de l'Ordre, Brune, Kellermann, et puis encore Augereau, Ney, Poniatowski, Bernadotte, Oudinot, etc. En fait, presque tous, d'ailleurs comme une bonne part de l'élite française sous l'Empire. On comptait 93 loges à Paris en 1810.

Pourquoi sont-ils maçons ?

A.P. : La maçonnerie, à l'époque, n'a rien à voir avec celle d'aujourd'hui ; elle implique des convictions bien sûr, mais il s'agit avant tout d'une assurance « champ de bataille ». Si vous êtes fait prisonnier, vous vous rendez avec le « geste de maçon », la maçonnerie étant autant répandue chez l'adversaire. Les Autrichiens ou les Prussiens, les Anglais comprennent votre geste et vous allez disposer d'un traitement de faveur.

Comment était maintenu le moral des soldats ?

A.P. : Le bilan dans ce domaine s'avère très positif : le nombre de déserteurs resta minime. L'esprit d'abnégation était très répandu. Voici une armée où les généraux payent encore de leur personne; Trois maréchaux sont d'ailleurs tués : Lannes en 1809, Bessières et Poniatowski dans la campagne de 1813. De plus, 240 généraux sont morts sur le champ de bataille, soit environ 10 % du corps. Les promotions pouvaient être rapides, les soldats avaient accès aux grades d'officiers, et les officiers subalternes, au même titre que les généraux, pouvaient se voir attribuer un titre nobiliaire.

Propos recueillis
par Claude Pommereau

19. La stratégie responsable du calvaire des blessés

par Jean-François Lemaire.

Napoléon n'en démord pas : rien ni personne ne doit entraver la stratégie mise en place. Surtout pas les ambulances des chirurgiens, venues porter secours à des soldats dès lors condamnés à mourir atrocement. D'où un bilan très lourd, malgré la qualité incontestable des hommes du service de santé.

Dans la stratégie napoléonienne, rien ne doit être laissé au hasard. L'Empereur est le premier à en convenir. De là sa tactique fondée sur la surprise, la souplesse et la rapidité, mais plus encore peut-être sur une maîtrise du terrain que rien ne doit venir perturber. Rien, surtout pas des ambulances pour qui l'heure ne sonne qu'une fois les combats achevés.

« Honneur » contre nécessité médicale

Du début à la fin de l'épopée, l'Empereur reviendra à plusieurs reprises sur ce point vis-à-vis duquel il ne verra jamais la moindre transaction possible. Les secours d'urgence ainsi paralysés, Napoléon se tourne alors vers les hommes et toute occasion est bonne pour rappeler à chacun qu'il lui est absolument interdit de quitter le champ de bataille sous prétexte d'évacuer un blessé vers l'arrière. C'est martèle-t-il « une question d'honneur ».

Le général Valhubert (1764-1805) gravement blessé à Austerlitz deviendra même le symbole du sacrifice aux intérêts supérieurs de la victoire. Une cuisse fracassée,

Valhubert, agitant son sabre, trouve la force d'écarter ses soldats qui accouraient pour lui porter secours et succombe tenant encore les rênes de son cheval. L'Empereur fera peindre la scène et celle-ci prendra bientôt place dans la galerie regroupant les grands moments du règne.

L'urgence de l'évacuation

Lisons maintenant à l'opposé quelques lignes de Larrey : « Les premières vingt-quatre heures sont les seules de calme que conserve la nature [après une blessure grave] et dont il faut se hâter de profiter. Les amputations n'ont pas tout le succès [espéré] parce que la plupart des blessés ont été [laissés] sans secours trente-six heures ».
Et encore l'estimation du chirurgien est-elle modeste, le délai durant lequel les victimes auront été abandonnées à elles-mêmes à l'endroit même où elles avaient été frappées, atteignant, durant les guerres napoléoniennes fréquemment quatre à cinq jours. Qu'il s'agisse d'ailleurs d'une victoire ou d'une défaite, que ce soit à Wagram ou à Waterloo. L'échec du service de santé repose pour une large partie sur cette opposition. Dans la mesure où le retard délibéré apporté au ramassage des blessés ne permet d'obtenir que des résultats très médiocres, à quoi bon donner aux chirurgiens les moyens coûteux qu'ils réclament puisque, si on les leur accordait, ils se trouveraient dans l'impossibilité de les utiliser en temps voulu.

Une négligence délibérée ?

Même s'il ne l'écrit pas, même s'il semble parfois exprimer le contraire, on dirait bien qu'après avoir « beaucoup médité et prévu ce qui pouvait arriver », l'analyse de Napoléon soit celle-là. En 1803 (9 frimaire an XII), il ferme purement et simplement les hôpitaux d'instruction, laissant le personnel médical, qui désormais viendra de nulle part, se former sur le terrain, après la bataille toutefois. En 1813, le manque de chevaux se faisant cruellement sentir au sein de la Grande Armée, il affecte le peu qu'il a pu acheter à l'artillerie et n'en accorde quasiment aucun au service de santé. Durant les campagnes d'Allemagne et de France, il importe dès lors assez peu que les blessés agonisent sur place et que les chirurgiens ne soient que « de pacotille » – suivant le mot de Percy –, puisque les ambulances elles-mêmes sont devenues fantômes !

De nombreux blessés, après les combats, périssent dans l'incendie, provoqué intentionnellement ou pas, du champ de blé dans lequel ils étaient tombés quelques jours auparavant. Quelques lignes écrites après Wagram par le général Lejeune en témoignent : « Beaucoup de ces infortunés, perdus dans les blés, ne furent retrouvés vivants qu'au bout de cinq jours d'atroces souffrances. Quelques-uns étaient à moitié brûlés par le feu qui avait pris aux moissons pendant la bataille ; d'autres, sans pouvoir se traîner au loin pour s'écarter des corps en décomposition des hommes tués à côté d'eux étaient altérés par une fièvre ardente, réduits à boire leur propre urine pour étancher la soif horrible qui les dévorait. [Il y avait] dans la plaine des officiers autrichiens à moitié emportés par des boulets et qui vivaient encore avec toute leur raison. Ils suppliaient d'abréger, par un coup de pistolet, leurs excessives souffrances ».

Un entêtement catastrophique

Tout au long de la chaîne de soins, qui débute au moment où la victime gît sur le terrain pour ne prendre fin que lors de son rapatriement en France, le ramassage des blessés est le seul maillon qui ait relevé directement du service de santé. Il faudra attendre 1809 pour qu'en réponse aux incessantes réclamations de Percy, des sections de « soldats d'ambulance » se trouvent constituées, et 1813, soit un an à peine avant l'effondrement, pour que de vrais brancardiers – les despotats – lui soient enfin affectés.

Tout, mais vraiment tout, n'aura dépendu que de la compétence, du bon vouloir ou du talent d'improvisation des commissaires des guerres dont, en dépit des véhémentes pro-

Desgenettes, le médecin de la résistance

Desgenettes dit ce qu'il pense, haut et fort, et tant pis si le général Bonaparte, le Premier consul ou l'Empereur pense le contraire. Leur rencontre date de 1793 et il se noue entre eux des liens qui dureront jusqu'à la chute de l'Empire. Ce qui n'empêche des séquences orageuses entre les deux hommes, dues à l'indépendance farouche avec laquelle le médecin considère son rôle. Lorsqu'en Égypte, Napoléon lui suggère d'endormir au laudanum des pestiférés, la réponse claque, hautaine et brève, « mon devoir est de conserver ». C'est encore lui, un jour que Napoléon compare la chimie à « la cuisine des médecins », qui lance : « Et comment appelez-vous la cuisine des conquérants ? » Chaque fois, son interlocuteur se borne à hausser les épaules. La raison de cette tolérance est simple : Desgenettes aura réalisé l'impossible à la tête du service de santé de la Grande Armée. Prisonnier des Russes en 1812, il adresse au tsar ce message : «(...) Les soins que j'ai prodigués aux soldats que le sort des armées a fait prisonniers de la France me donnent quelques droits à la bienveillance de toutes les nations ».

testations d'un Percy, d'un Coste ou d'un Larrey, l'Empereur, tout au long de son règne, n'aura eu de cesse d'étendre l'autorité sur le service de santé. Loin d'accorder à Percy la création du corps de chirurgie de bataille que celui-ci lui réclame, il pousse, à chaque nouveau décret, les choses plus loin. Jusqu'à celui du 30 novembre 1811, où tout est définitivement dit : « Les officiers de santé sont, pour ce qui concerne le service, l'administration et l'exécution des règlements, sous la police des intendants généraux, des commissaires ordonnateurs et ordinaires des guerres ». Sur ce point Napoléon surprend. Autant, la guerre étant la guerre, on peut comprendre qu'il ait voulu s'en tenir à des dispositions interdisant aux ambulances de couper, durant l'action, la route à une charge de cavalerie ou de se trouver inopinément sous le feu de nos batteries d'artillerie, autant, pour les étapes ultérieures, son entêtement, face à des chiffres chaque fois plus catastrophiques, a de quoi étonner.

Des désastres à l'hécatombe

Dès Austerlitz pourtant, l'intendance démontre son incompétence en matière de logistique sanitaire. Si, après la bataille, l'ambulance chirurgicale de Larrey réalise des prouesses, l'épidémie de typhus que les prisonniers russes répandent dans les hôpitaux de Vienne fait en quelques jours plus de 10 000 victimes, plus de morts que les tués au combat. En 1806, le nombre des malades et des blessés abandonnés après Iéna dans des hôpitaux de fortune dépasse 15 000 hommes, mais aucune situation dramatique ne parait susceptible de servir de leçon à l'administration, ni d'éclairer l'Empereur, puisque, l'année suivante, à Eylau les carences sont du même ordre et par un froid polaire .

Et l'on en vient ainsi à l'hécatombe de Russie, aux massacres des convois de blessés insuffisamment protégés sur les routes espagnoles, aux multiples péripéties que rencontrent ceux qui viennent d'Allemagne au point qu'un pamphlet baptisera leurs fourgons « les sépulcres de la Grande Armée », enfin aux ravages du typhus dans les débuts de la campagne de France. « Oh, détestable administration ! », s'écrie Percy. Durant la retraite de Russie, rapporte Kerckhove, « les soldats ne souffraient pas à leurs bivouacs les commissaires des guerres, les employés aux vivres et ceux des hôpitaux. Ils les accablaient d'injures et les chassaient impitoyablement. Mais [ces mêmes soldats] se montraient bienveillants et quelquefois reconnaissants envers les médecins et les chirurgiens (…) Ils disaient souvent : les docteurs se sont toujours intéressés à nous, ils ne nous ont fait que du bien… »

20. L'intendance : pillages et succès

par Jean-François Lemaire.

Vêtir des soldats de façon réglementaire et les nourrir, fournir du fourrage et abreuver les chevaux de la Grande Armée seront un problème constant au cours des campagnes. Une réussite globale, mais fondée sur le pillage de l'Europe, et qui trouve ses limites en Russie.

Sous l'Empire, l'armée n'est plus en guenilles, ce qui était encore le cas au début du Consulat, où elle subissait le contrecoup de la fermeture en 1794 des manufactures de drap et autres ateliers de confection. Tous tournent à nouveau et à plein rendement, mais les militaires usent vite. Aussi devant l'augmentation progressive des effectifs de la Grande Armée, de nouvelles crises seraient survenues si l'intendance n'avait pas opportunément mis la main sur la production locale des pays envahis.

Le drap de Davout

« Mon intention est que Berlin me fournisse absolument tout ce qui est nécessaire à mon armée », prescrit en 1806 l'Empereur à Daru, l'invitant à « lever le drap nécessaire pour [confectionner] 100 000 capotes, autant de pantalons et tout les objets nécessaires pour couvrir l'armée ». Ce qui sera fait, les maréchaux se transformant même en ménagères avisées. Les résultats qu'obtient Davout dans sa zone d'occupation sont particulièrement bons, lui permettant de réunir pour ses tailleurs 15 000 mètres de drap, mais aussi 35 000 mètres de toile et de coutil. « Les Allemands sont comme les gerbes de blé ; plus on le bat, plus il rend », font obser-

ver ses intendants au maréchal. C'est l'abondance, au point que Davout peut négocier avec son voisin Oudinot, moins chanceux ou moins bien encadré, de quoi faire un pantalon à chacun des hommes de son corps d'armée.
Mais dans un uniforme le tissu n'est pas tout. Encore faut-il qu'il soit de la couleur de l'unité. Or, en 1807, les premiers effets du blocus se font sentir et l'indigo, nécessaire pour donner la teinte bleu foncé, vient à faire totalement défaut. D'où, dans un même régiment, les anciens vêtus du bleu classique et les conscrits arrivant habillés de blanc. Un changement qui, à Tilsit, ne manque pas d'intriguer le tsar Alexandre qui interroge Napoléon. Celui-ci répond qu'effectivement le blanc est en passe de remplacer le bleu dans un certain nombre d'unités. Alexandre demeure un instant silencieux, puis, lui aussi bonne ménagère, observe : « Évidemment, c'est très joli, mais je préfère toutefois le bleu ; c'est moins salissant... »

Les espadrilles de la guerre d'Espagne

Les uniformes, les capotes, ne poseront plus de vrais problèmes à l'intendance à la différence des souliers, qui, tout au long des guerres napoléoniennes, seront pour elle un véritable casse-tête, dans la mesure où, comme l'écrit l'Empereur lui-même au prince Eugène, lui ordonnant d'en faire fabriquer 50 000 paires à Milan, ils doivent être « de bonne qualité et non pas de carton ». C'est d'ailleurs une vieille histoire remontant à l'Ancien Régime où déjà intendants et savants recherchaient comment s'en passer, en donnant à la plante du pied la fermeté d'une semelle.
Coste, le Premier médecin de la Grande Armée, qui renonce définitivement au moment de la campagne de Prusse,

menait ses expériences depuis le temps où il était le médecin en chef du corps expéditionnaire de Rochambeau en Amérique, enduisant les pieds des soldats volontaires d'un mélange d'alcool et d'huile de ricin. Tant pis, cette pierre philosophale nous échappera et, une paire de souliers « durant » environ 300 kilomètres, les pays conquis seront, sur ce poste aussi, mis en réquisition. En 1806, Napoléon fixe à 100 000 paires le contingent que doit fournir la Prusse et à 150 000 celui que vont se partager la Silésie et la Pologne. Mais, dans ce dernier pays, si le cuir passe aux Français, la boue des chemins demeurera du côté des alliés, déchaussant et engloutissant par dizaine de milliers les souliers des malheureux fantassins de la Grande Armée en route vers Eylau.
En Espagne, la situation ne sera pas meilleure et les chefs de corps s'illusionneront brièvement en pensant avoir trouvé une solution en donnant à leurs troupes des espadrilles locales. Hélas, celles-ci – auxquelles on verra certains cuirassiers démontés fixer leurs éperons ! – blesseront davantage nos soldats qu'elles ne les aideront. Ralentissant leur marche, les empêchant de courir, elles en feront des proies idéales pour les guérilleros.

La faim perpétuelle

Mais, c'est pour le ravitaillement, encore plus que pour le reste, que la Grande Armée, ses convois bloqués par les intempéries ou dispersés par les partisans, devra le plus souvent s'approprier les ressources locales. D'autant que les généraux ne se faisaient guère de soucis, s'en remettant à l'esprit de débrouillardise de leurs soldats, vertu nationale bien connue. « Je suis chargé de vous mener au combat, mais non

de vous nourrir », commentait cyniquement l'un d'eux.
A la différence des Anglais, qui, eux, n'acceptaient de se battre « que le ventre plein », les Français se ruaient au combat, l'estomac creux et y faisaient merveilles. Mais après, il valait mieux, pour les populations du lieu, leur trouver de quoi faire bombance. Parfois le partage des victuailles rassemblées donnait lieu à des scènes inattendues. En Prusse, des dragons sans armes reprennent fièrement la route de leur camp voisin avec un appétissant butin, lorsque mis en fuite par les cris sauvage d'une horde de cosaques ou prétendus tels, ils abandonnent tout ce qu'ils avaient eux-mêmes extorqués aux villageois. L'instant d'après, les voltigeurs français, qui s'étaient si bien mis dans la peau des cosaques, se débarbouillaient et regagnaient triomphalement le même camp avec leur butin.

De quoi nourrir 300 000 hommes

C'est évidemment dans le piège russe que l'intendance va montrer ses limites ; pas lors de la retraite, qui sera la catastrophe que l'on sait et durant laquelle aucun paramètre ne fonctionne plus, mais dès l'aller et pourtant les dispositions prises par Mathieu Dumas, nommé pour la circonstance intendant général de la Grande Armée, forcent l'admiration. Mais la guerre ne se fait pas sur le papier
Alors que près de 6 000 chariots ou fourgons transportent vers l'est de quoi permettre à une armée de 300 000 hommes de vivre sur elle-même durant 40 jours, le mauvais temps et un fourrage trop vert abattent les chevaux par milliers. On les remplace par des bœufs : ceux-ci demeurent debout, mais refusent de bouger. D'une manière ou d'une autre, l'intendance avait perdu plus des quatre cinquièmes

de ses véhicules lorsque apparaîtront les bulbes dorés du Kremlin. Compte tenu de la politique de la terre brûlée et de l'impossibilité de se tourner vers les ressources locales, la Grande Armée, pour victorieuse qu'elle paraissait, était déjà battue avant que ne s'embrase le ciel de Moscou.

Épouses et ribaudes suivent l'armée

Dans *la Chartreuse de Parme,* Fabrice del Dongo, à Waterloo, se prétend à la recherche de sa sœur, épouse d'un capitaine qu'elle était venue retrouver à sa compagnie. Citons aussi la femme du colonel Porcher qui accompagne son mari durant les campagnes de Prusse et de Pologne (1806-1807). Ne le voyant pas rentrer après Eylau, elle parcourt le champ de bataille, découvre son cadavre, le ramène à Varsovie où elle le fait embaumer, puis rentre à Paris avec « cette preuve de son amour et des horreurs de la guerre ». Outre les femmes d'officiers (dont ne connaît pas le chiffre exact), il y a également celles des « commissionnés » (bottiers, employés divers) engagés pour le temps d'un contrat. Au sein des unités mêmes, Napoléon n'a jamais admis de femmes parmi les combattants. En revanche, le nombre des cantinières (ou vivandières) a toujours été laissé à la convenance des chefs de corps. Pour Junot, deux par bataillon « qui marcheront à la queue des équipages ». « Au camp, la tente de la cantinière sert de salon de compagnie, d'estaminet, de café », note S. Blaze. Leur tente ou, en chemin, leur petite voiture, abritaient-elles un autre commerce ? Sans doute pour certaines, mais pas systématiquement. Observons toutefois que des généraux épris de prophylaxie, lorsqu'ils décrétaient une visite médicale pour les hommes, « afin de s'assurer qu'ils ne sont pas atteints du virus de la vérole » précisaient que cette mesure visait aussi les vivandières.

La dernière catégorie de femmes vivant, celles-là non pas à l'armée, mais « à la traîne » de l'armée, est constituée par « la horde des ribaudes ». Des ribaudes et non des « catins », les soldats réservant ce terme aux maîtresses des maréchaux ou généraux. Leur présence – non chiffrable – suscitera deux opinions très contrastées. Nombreux sont les chefs de corps se ralliant à Carnot, alors ministre de la Guerre, qui considèrent que « ces femmes énervent les troupes et détruisent par les maladies qu'elles y apportent dix fois plus de monde que l'ennemi ». Mais plus nombreux sont ceux qui se rangent à l'avis de Coste, Premier médecin des armées, pour qui « une trop longue abstinence épuise ». Sans doute les soldats peuvent-ils trouver sur place ce qui leur est nécessaire, mais les villageois enferment leurs filles, et les recherches font courir aux militaires des risques d'attentats. Aussi n'est-ce pas plus mal qu'une « horde de ribaudes » suive le régiment. Mais l'un n'empêche pas l'autre et la horde se voit parfois rejointe, comme en Silésie en 1808, par des paysannes, « arrivant à la file, après une course de quinze lieues parfois, pieds nus selon l'usage du pays, leur petit paquet sous le bras ». Échangeant des horions ou s'empoignant par les cheveux, professionnelles et filles du pays suivent. Jusqu'au jour où le régiment quitte l'Allemagne. Les ribaudes trouvent à se blottir au fond d'un chariot. Les paysannes elles n'ont plus qu'à regagner leur ferme. Avant, entre chacune d'elles et son soldat les adieux auront été touchants. Pas de promesse de correspondance, car aucun des deux ne sait écrire et ils ne parlent pas la même langue. Des cadeaux en revanche. Assez souvent la syphilis pour lui et, pour elle, souvent, un enfant qui grandira sans père.

21. Les pontons, symboles de la « barbarie anglaise »

par Hervé Luxardo.

Au pays de la « perfide Albion », le sort des prisonniers de guerre est dramatique. La faute aux Anglais bien sur, mais aussi à Napoléon qui, dès 1799, a décidé unilatéralement de ne pas assurer l'entretien réciproque des prisonniers.

En France, Monsieur, un officier prisonnier de guerre, y est traité et payé suivant son rang, et cette paie est égale à celle d'un officier français en réforme du même grade. Il a la faculté de choisir sa promenade et d'aller jusqu'à une distance considérable. Il peut porter son uniforme sans crainte d'être insulté ; il a la liberté de fêter le jour de naissance de son souverain, de boire à sa santé et même d'illuminer sa maison si cela lui convient. Il peut avoir des chevaux, des chiens, aller à la chasse, au spectacle », se plaît à souligner un diplomate français.

Le sort peu enviable des prisonniers

Au contraire, selon les dires des contemporains, le sort des prisonniers de guerre français est catastrophique en Russie, en Espagne et au pays de la « perfide Albion ». Là un général prisonnier, pourtant invité chez lord Maville, se plaint amèrement que des officiers anglais « déblatèrent en français contre l'Empereur et l'armée ».Le général prisonnier s'indigne que non seulement les officiers n'aient pas le droit de lire de journaux mais que les autorités anglaises leur aient dissimulé « les succès de Lützen, Bautzen et Dresde »,

tandis que la défaite de Leipzig a été l'objet « de grandes manifestations de joies populaires ».
Ici, d'autres fustigent ces Anglais qui ne feraient la guerre que « par l'ambition dévorante de s'emparer du commerce » mondial. La propagande britannique contre « les tentatives des révolutionnaires français et des Niveleurs » (sans doute les sans-culottes), qui cherchent « à enlever nos femmes et nos filles et [à] nous apprendre à nous entre-tuer », ne pouvait qu'engendrer une aversion marquée pour tout ce qui touchait à la France. C'est l'une des causes du sort lamentable que connurent les prisonniers de la guerre d'Espagne. Peut-être faut-il y voir aussi une conséquence du blocus continental appliqué à partir de 1808 par toutes les puissances excepté la Suède. L'industrie anglaise du coton et de la laine plongea dans le marasme. En mai et juin 1808, des

Cabrera, l'île de la mort
Le 22 juillet 1808, le corps d'armée du général Dupont qui marchait sur Cadix fut encerclé dans la Sierra Morera par les troupes anglo-espagnoles. Sur les 20 000 soldats prisonniers, 9 000 furent transférés entre 1809 et 1812 sur l'îlot rocheux de Cabrera (au sud de Majorque) où l'eau manquait. A l'été 1809, la colonie française enterre 15 morts quotidiennement. A cette date, le Conseil des prisonniers de Cabrera obtient de la junte, comme consolation, un prêtre. Ce n'est qu'en mai 1814 que deux goélettes envoyées par Louis XVIII mettent fin au calvaire des prisonniers français. 3389 hommes (recensés au Lazaret de Marseille) revinrent de Cabrera au printemps 1814. Sur les 9 000 soldats qui connurent la détention pendant six ans, 4 000 moururent de faim et de misère sur le sinistre rocher espagnol.

émeutes éclatent dans le Lancashire à la suite d'une forte hausse des prix. En 1811, la crise économique devait frapper encore davantage la Grande-Bretagne entraînant son cortège de misère et de révoltes ouvrières.

Contrairement à l'opinion commune, le gouvernement britannique se préoccupa du sort des prisonniers de guerre et, parfois, punit avec sévérité les excès. Le *Transport Office* qui relevait de la *Royal Navy* condamna en 1810 un soldat convaincu d'avoir volé un Français de la prison de Norman Cross, à recevoir 600 coups de fouet.
Cependant, pour comprendre le délaissement et le dénuement dans lesquels furent plongés une majorité de prisonniers, il faut savoir que le gouvernement de Bonaparte décida unilatéralement, en 1799, de ne plus assurer l'entretien réciproque des prisonniers. Les officiers de terre, au contraire de ceux de la marine, ne reçurent plus leur demi-solde et durent se contenter de la misérable pension allouée par la couronne anglaise.

Prisons, cautionnements et pontons

En fait, la situation des prisonniers fut extrêmement variable car il existait trois sortes d'enfermement. Tout d'abord les prisons ordinaires ou « dépôts » regroupaient la majorité des captifs, environ 55 % du total. Entre 1793 et 1815, on dénombre une dizaine de prisons à terre, notamment dans le sud de l'Angleterre et en Écosse.
La guerre se poursuivant, le gouvernement anglais multiplia le système du cautionnement dit *parole town* (prisonnier sur parole dans une ville désignée). De trente-deux pendant la Révolution, il atteignit sous l'Empire cinquante-

et-une villes. Limité au début au bassin de Londres et aux côtes du sud et sud-est, le cautionnement essaima du pays de Galles jusqu'en Écosse. En 1814, ces captifs avoisinaient les 5 000 ; c'était une manière d'éviter de trop grands regroupements et donc des révoltes générales.
Selon la rumeur, des officiers français auraient en 1803 puis en 1813 imaginé une révolte qui aurait eu pour but de libérer tous les prisonniers et notamment la dernière catégorie : celle des pontons.

Les sinistres pontons

Les pontons de sinistre mémoire, devinrent pour les survivants des endroits où la « barbarie anglaise ensevelissait vivants la jeunesse et le courage malheureux » dans de véritables « sépulcres flottants ». La *Royal Navy* les avait répartis le long de la côte sud de l'Angleterre depuis Chatham, au sud de Londres, jusqu'à Plymouth. Ces vaisseaux démâtés étaient surnommés *hulks* à l'image de la répulsion qu'ils inspiraient. Ce système dit des pontons devait d'ailleurs croître puisqu'il représentait plus de 45 % des prisonniers en 1815 (une cinquantaine de navires).
Ces bâtiments, britanniques ou capturés à l'ennemi, possédant en général deux ponts, étaient totalement désarmés. Privés d'artillerie, de mâture et de gouvernail, ils n'étaient dominés que par une grue pour le service du bord. Imaginons ces vaisseaux peints en noir, amarrés dans des baies marécageuses et d'où n'émergeaient que des cabanes de fortune et des « cheminées noires crachant une fumée jaunâtre ».
La garnison anglaise, d'une centaine d'hommes sur chaque navire, s'était réservée la batterie supérieure tandis que les Français étaient cantonnés dans « les batteries de 36 et les

entreponts humides et obscurs », où régnaient en permanence des odeurs délétères dues à la « setine », refuge des eaux usées charriant des cadavres de rats. Louis Garneray, captif pendant neuf ans, nous donne, plusieurs années plus tard, les proportions de ces prisons flottantes : « enfin la batterie basse et le faux pont étaient les parties consacrées au logement des prisonniers ! (...) au total une longueur d'environ 130 pieds (43 m) sur une largeur de 40 (12 m) avec une hauteur de 1,90 m. C'était dans cet espace resserré que nous étions logés au nombre d'à peu près 700 ».

« Manteaux impériaux » et « rafalés »
Les pontons offrent un aperçu de la société des prisons de l'époque. Au sommet, domine l'aristocratie des officiers suivie d'une classe intermédiaire de « Messieurs » ou bourgeois. Enfin croupissent dans les bas-fonds les « rafalés » ou abattus. Pour satisfaire, selon leurs contemporains, « leurs besoins d'alcool et de tabac », ils vont jusqu'à revendre leur propre nourriture et versent « dans l'immoralité la plus perverse ». Pourtant il existe une catégorie encore plus déshéritée, « les manteaux impériaux » dont le seul bien consiste en une misérable couverture. Ce « sous-prolétariat » est capable de violentes réactions contre ses gardiens. Auteur de révoltes sporadiques, il a donné naissance au mythe d'une « commune révolutionnaire flottante ». Lors des soulèvements, les manteaux impériaux sont dirigés par un chef décoré « de deux petits bâtons en guise d'épaulettes ». Ils parcourent les pontons en annonçant l'avènement du peuple, le règne de l'égalité et la fin des dettes.

Les brimades des *Royal Marines*

On imagine aisément l'aspect repoussant de ces hommes qui croupissaient dans la crasse par manque d'eau et d'argent. Quant à la nourriture, elle se composait « pour les cinq jours gras, d'une livre et quart de pain bis et de 200 grammes de viande de vache. Les prisonniers devaient passer la journée à jeûner mais on les autorisait à faire une soupe à midi composée de 33 grammes d'oignons et 100 grammes d'orge pour quatre hommes. Le sergent Baudoin qui passa deux ans sur l'un de ces pontons raconte que « la moitié du temps, le pain n'était pas cuit et tout juste bon à être jeté contre les murs (...), deux fois par semaine on vous donne des salaisons en pleine décomposition. Il s'agit paraît-il de hareng le jeudi et de morue le samedi.» A maintes reprises, les prisonniers refusèrent ce brouet « qui paraissait avoir été traîné dans la boue ».A ces conditions de vie déplorables s'ajoutait l'extrême sévérité des officiers et les brimades des *Royal Marines*. Malheur à ceux qui, le matin, à l'ouverture des écoutilles, étaient malades ou ne descendaient pas assez vite de leur hamac : coups de crosse voire de baïonnette leur rappelaient leur triste sort. Dans cet univers impitoyable, les captifs passaient la plupart de leurs journées à effectuer des corvées de nettoyage. Pour combattre monotonie et désespoir, ils se livraient à toute une gamme d'occupations propres aux prisons.

Occuper ces loisirs forcés

Les soldats d'origine paysanne et les artisans travaillaient pour le compte de marchands anglais à la fabrication de chapeaux de paille, de paniers et de sacs d'osier. D'autres cultivaient leur imagination et leur habileté avec des os ou du bois arraché à la coque et fabriquaient maquettes de vaisseau de ligne, statuettes ou jeux d'échecs. Les officiers donnaient contre rétribution des cours d'astronomie ou de navigation, peut-être en vue d'éventuelles évasions. Outre le fait que les pontons coûtèrent infiniment plus cher – « la dépense pour la garde et l'entretien est alors vingt-deux fois plus grande qu'à terre » –, les tentatives d'évasion furent nombreuses. Ainsi *la Vigilante* en rade à Portsmouth connut, en 1810,vingt-quatre évasions réussies ! La raison principale de ces tombeaux flottants fut-elle d'ordre idéologique pour « exciter dans le cœur du peuple anglais des sentiments d'horreur contre ses ennemis ? Il fallait donc qu'il ne put jamais ni les voir ni converser avec eux » (Dupin). Vingt ans après, leur souvenir éveillait encore « d'âpres ressentiments » (Lieutenant Bonnefoux).

22. Écoles militaires : une mauvaise réputation

par Alain Pigeard.

Napoléon comprend vite que son armée doit disposer de cadres de qualité. Il crée Polytechnique Saint-Cyr, le Prytanée... Mais le régime des écoles est très strict, et elles ont alors fort mauvaise réputation.

L'**École spéciale militaire,** plus communément désignée sous le nom d'École de Saint-Cyr, est créée par la loi du 4 floréal an X (24 avril 1802), qui la destine « à enseigner à une portion des élèves sortis des lycées, les éléments de l'art de la guerre.» Établie à Fontainebleau en 1803, elle s'installe à Saint-Cyr le 1er juillet 1808. A sa tête, le général Bellavène, l'homme le plus rébarbatif des armées impériales.

De fait, la vie dans ces écoles est austère, tant au niveau de la discipline que du régime. La vie dans ces écoles est austère, tant au niveau de la discipline que du régime. Delaval, qui y fut élève nous laisse cette brève description : « Nous nous levons à quatre heures et demie et nous nous couchons à neuf heures. Toute la journée est occupée à des études, telles que les mathématiques, l'histoire, le dessin ».

De fait, à Saint-Cyr, le programme comprend l'étude de la littérature, l'histoire, la géographie, l'arithmétique, la géométrie, les deux trigonométries, la statique, l'administration, les manœuvres de l'infanterie et de la cavalerie, le tir au fusil et au canon, la topographie et la fortification.

Le nombre des sous-lieutenants fournis à l'armée par l'École de Fontainebleau, puis de Saint-Cyr, est de 1 348 sous-lieutenants entre 1804 et 1807, dont un tiers est tué dans les campagnes entre 1805 et 1807. En 1809, l'École fournit 458 sous-lieutenants, 299 en 1810, 145 en 1811, 603 en 1812, 751 en 1813 et 252 dans les trois premiers mois de 1814, soit 3 856 en tout.

L'École d'application de l'artillerie et du génie est établie à Metz par un arrêté du 12 vendémiaire an XI (4 octobre 1802) et formée par la réunion de l'École d'artillerie de Châlons et de l'École du génie de Metz. Cette école forme des officiers dans l'artillerie et le génie. Ils connaissent les manœuvres et constructions d'artillerie, la formation et la conduite des équipages en campagne, l'art du tracé et de la construction des places, l'art de l'attaque et de la défense des places, l'art de lever des plans, le service des officiers du génie et enfin les manœuvres d'infanterie et de cavalerie.

Octave Levavasseur, aide de camp du maréchal Ney, y est élève pendant les années 1802-1803 : « L'esprit général de notre école était en harmonie avec l'esprit général de l'armée. L'air fanfaron, les grands sabres recourbés et traînant à grand bruit sur la terre, les hauts plumets sur les chapeaux posés en avant et penchés sur l'oreille, telle était la physionomie d'un élève. »

L'École polytechnique est une création du 7 vendémiaire an III (22 octobre 1795). Elle forme des élèves pour les services militaires et publics : artillerie (terre et marine), génie, ponts et chaussées, mines, ingénieurs-géographes, construction des vaisseaux civils de la marine. L'école est réorganisée par un décret impérial du 24 messidor an XIII (13 juillet 1804). Les élèves sont formés en un bataillon de cinq compagnies.

Le Prytanée militaire est un établissement d'instruction publique réservé – arrêté du 1er germinal an VIII – ‡ l'éducation des enfants peu aisés des militaires, morts pour le service de l'État. Il est placé sous la tutelle du ministre de l'Intérieur et divisé en quatre grands collèges fixés à Paris, Fontainebleau, Versailles et Saint-Germain. Le décret du 25 mars 1808 transporte le Prytanée à La Flèche et le place à cette époque sous la tutelle du ministre de la Guerre. En principe les élèves se présentent à l'École de Saint-Cyr ou Polytechnique. Les élèves sont administrés comme ceux des autres écoles militaires.

Les Écoles impériales vétérinaires ne sont pas à proprement parler des écoles militaires et dépendent du ministre de l'Intérieur. Les vétérinaires sont assimilés aux maréchaux des logis chefs avec une solde supérieure. Il existe en 1813 cinq Écoles vétérinaires : Alfort, Lyon, Turin, Aix-la-Chapelle et Zutphen en Hollande.

On peut encore citer **l'École des pages** – recréée par Napoléon par décret du 14 thermidor an XIII (2 août 1805) en faveur de 36 jeunes gens des meilleures familles de France et des pays conquis – **l'École impériale d'équitation et l'École militaire spéciale de cavalerie** ou encore **l'École de trompettes** qui existait à Paris devenue École nationale de musique militaire.

Les écoles militaires jouissent alors d'une détestable réputation. On y dit la discipline sévère, les mœurs équivoques et la nourriture malsaine. Un jour que Napoléon visite Saint-Cyr, il demande à un élève : « Et vous, grand jeune homme, avez-vous bon appétit ? » et notre élève de répondre : « Oui Sire, surtout après le dîner.»

Annexes

Index

N.B. : les chiffres indiquent les numéros de chapitre. Les caractères en gras indiquent pour une bataille, qu'un chapitre lui est consacré, pour un personnage qu'il joue un rôle déterminant dans les événements du chapitre.

Index des maréchaux d'Empire

avec le jugement d'Alain Pigeard

Outre l'indexation par chapitres, nous avons indiqué pour chaque maréchal : ses dates de naissance et mort. Sa promotion au généralat et au maréchalat, Ses titres de noblesse. Son attitude en 1814-1815. Plus le jugement d'Alain Pigeard sur leurs qualités et leurs défauts dominants.

brigade puis de division (1794), maréchal de l'Empire (1804). Prince de Pontecorvo (1806), prince héréditaire de Suède (1810), roi de Suède (Charles XIV, 1818-1844). Trahit Napoléon en 1813. **Alain Pigeard :** dit « Sergent Belle-Jambe », ou « le Gascon » (par Napoléon). Bel homme ; distingué, galant, mais vaniteux et ingrat.

Berthier (Louis-Alexandre) : 5, 18.
Versailles, 20 novembre 1753 - Bamberg (suicide), 1er juin 1815. Maréchal de camp (1792), général de division (1795), maréchal de l'Empire (1804). Prince de Neuchâtel (1806), prince de Wagram (1809). Rallié à Louis XVIII en 1814, quitte la France le 20 mars 1815. **Alain Pigeard :** dit « Berbav » (après son mariage avec une Bavaroise). Travailleur, actif, dévoué, mais angoissé, ongles rongés, met ses doigts dans son nez. Voix nasillarde. Peut ne pas dormir plusieurs nuits.

Bessières (Jean-Baptiste) : **4,** 6, 18.
Prayssac, 6 août 1768 - Rippach (au combat), 1er mai 1813. Général de brigade (1800), général de division (1802), maréchal de l'Empire (1804). Duc d'Istrie (1809). **Alain Pigeard :** élégant, brave, dévoué, mais froid. Relations très discrètes avec sa maîtresse.

Brune (Guillaume) : 18.
Brive-la-Gaillarde, 13 mai 1763 - Avignon (assassiné), 2 août 1815. Général de brigade (1793), général de division (1797), maréchal de l'Empire (1804). Comte de l'Empire. Rallié à Louis XVIII en 1814, puis à Napoléon en 1815, assassiné par des ultraroyalistes. **Alain Pigeard :** dit « le sauveur de la République batave ». Instruit, mais d'un honnêteté douteuse et orgueilleux.

poli, bien élevé, brave, d'éducation soignée, mais manque d'envergure dans les grands mouvements militaires.

Istrie (duc d') : voir Bessières.

Jourdan (Jean-Baptiste) : 16.
Limoges, 29 avril 1762 - Paris, 23 novembre 1833. Général de division (1793), maréchal de l'Empire (1804). Comte (1816). Rallié à Louis XVIII en 1814, puis à Napoléon pendant les Cent Jours, se soumet à Louis XVIII lors de son retour. **Alain Pigeard :** dit « le Père-Conscrit ». Bon, estimé, probe, mais irrésolu.

Kellermann (François-Étienne-Christophe) : 18.
Strasbourg, 28 mai 1735 - Paris, 13 septembre 1820. Maréchal de camp (1788), lieutenant général (1792), maréchal de l'Empire (1804). Duc de Valmy (1808). Rallié à Louis XVIII en 1814, à l'écart pendant les Cent Jours. **Alain Pigeard :** dit « le Nestor des armées ». De l'esprit, élégant, modeste, bon administrateur, mais d'une avarice sordide.

Lannes (Jean) : **2, 4, 5,** 18.
Lectoure, 10 avril 1769 - Ebersdorf (blessé mortellement à Essling), 31 mai 1809. Général de brigade (1797), général de division (1799), maréchal de l'Empire (1804). Duc de Montebello (1808). **Alain Pigeard :** dit « le Roland de l'armée d'Italie », « l'Achille de la Grande Armée ». Très brave, courageux, voire intrépide, mais violent, de mauvais caractère, cupide.

Lefebvre (François-Joseph) : 11.
Rouffach, 25 octobre 1755 - Paris, 14 septembre 1820. Général de brigade (1793), général de division (1794), maréchal de l'Empire (1804). Duc de Dantzig (1808).

de Louis XVIII. **Alain Pigeard :** dit « Fabius ». « Honnête homme », mais sans confiance, soucieux, jaloux.

Montebello (duc de) : voir Lannes.

Mortier (Adolphe) : 9.
Cateau-Cambrésis, 13 février 1768 - Paris, 28 juillet 1835. Général de brigade, puis de division (1799), maréchal de l'Empire (1804). Duc de Trévise (1808). Rallié à Louis XVIII en 1814, puis à Napoléon pendant les Cent Jours, mais inactif, disgracié quand il refuse de juger Ney. **Alain Pigeard :** dit « Grand Mortier à petite portée » (il mesurait deux mètres). Brave, simple, probe, doux, mais des talents militaires moyens.

Moskowa (prince de la) : voir Ney.

Murat (Joachim) : **4,** 5, **6, 7,** 9, **10,** 13, 16, 18.
La Bastide-Fortunière, 25 mars 1767 - Le Pizzo (exécuté), 13 octobre 1815. Général de division (1799), maréchal de l'Empire (1804), grand-duc de Berg et de Clèves (1806), roi de Naples (1808). Trahit Napoléon en janvier 1814, mais se rallie à lui aux Cent Jours, proscrit et fusillé. **Alain Pigeard :** dit « le Roi Franconi » (pour ses uniformes extravagants). Bel homme, d'une bravoure légendaire, mais dépensier, « frimeur », passionné par les femmes.

Naples (roi de) : voir Murat.
Neuchâtel (prince de) : voir Berthier.

Ney (Michel) : **4,** 5, **6,** 9, **10, 11,** 13, 18, 22.
Sarrelouis, 10 janvier 1769 - Paris (exécuté), 7 décembre 1815. Général de brigade (1796), général de division (1799), maréchal de l'Empire (1804). Duc d'Elchingen (1808), prince de la Moskowa (1813). Rallié à Louis XVIII en 1814, puis

à Napoléon pendant les Cent Jours, proscrit et fusillé par les Bourbons. **Alain Pigeard :** dit « le Lion rouge » (il est roux), « le Brave des Braves », « l'Infatigable ». D'une bravoure légendaire, mais indécis, renfermé, faible de caractère.

Oudinot (Nicolas-Charles) : 5, **8, 9,** 10, 18, 20.
Bar-le-Duc, 25 avril 1767 - Paris, 13 septembre 1847. Général de brigade (1797), général de division (1799), maréchal de l'Empire (1809). Duc de Reggio (1810). Rallié à Louis XVIII en 1814, puis à Napoléon pendant les Cent Jours, mais inactif. **Alain Pigeard :** dit « le Bayard de l'armée française », « le Sauveur de l'Armée ». Téméraire, dévoué, mais violent. Le plus blessé des maréchaux (32 fois).

Pérignon (Catherine-Dominique de).
Grenade, 31 mai 1754 - Paris, 25 décembre 1818. Général de brigade, puis de division (1793), maréchal de l'Empire (1804). Comte de l'Empire (1808), marquis (1817). Rallié à Louis XVIII en 1814, résiste contre Napoléon pendant les Cent Jours. **Alain Pigeard :** homme de cœur, mais des allures de courtisan.

Poniatowski (Joseph Antoine) : **10,** 18.
Varsovie, 7 mai 1763 - Leipzig (tué au combat), 19 octobre 1813. Officier général polonais (1789), maréchal de l'Empire (1813). Prince du Saint-Empire. **Alain Pigeard :** « le Bayard polonais », « Pépé » (pour ses familiers). Courageux, impétueux, bon administrateur. Croyant. Le seul maréchal célibataire, bien qu'il ait une maîtresse qui lui donne un fils.

Pontecorvo (prince de) : voir Bernadotte.
Raguse (duc de) : voir Marmont.
Reggio (duc de) : voir Oudinot.
Rivoli (duc de) : voir Masséna.

Sérurier (Jean-Mathieu-Philibert).
Laon, 8 décembre 1742 - Paris, 21 décembre 1819. Général de brigade (1793), général de division (1795), maréchal de l'Empire (1804). Comte de l'Empire (1808). Rallié à Louis XVIII en 1814, puis à Napoléon pendant les Cent Jours, disgracié au retour des Bourbons. **Alain Pigeard :** dit « la Vierge d'Italie ». Rigoureux, intègre, loyal, mais sévère.

Soult (Nicolas-Jean de Dieu) : **4,** 6, **7, 11,** 18.
Saint-Amans la Bastide, 29 mars 1769 - Soultberg, 26 novembre 1851. Général de brigade (1794), général de division (1799), maréchal de l'Empire (1804). Duc de Dalmatie (1808). Rallié à Louis XVIII en avril 1814, puis à Napoléon pendant les Cent Jours, banni en 1816 . **Alain Pigeard :** dit « le Roi Nicolas » (il espérait devenir roi du Portugal), « Bras-de-Fer ». Bon manœuvrier, mais pillard, courtisan, dur. Aime beaucoup les jupons.

Suchet (Louis-Gabriel) : 2, 5.
Lyon, 2 mars 1770 - Saint-Joseph, 3 janvier 1826. Général de brigade (1798), général de division (1799), maréchal de l'Empire (1811). Comte de l'Empire (1808), duc d'Albufera (1812). Rallié à Louis XVIII en 1814, puis à Napoléon pendant les Cent Jours, disgracié au retour des Bourbons. **Alain Pigeard :** bon, juste, bon administrateur, tendance à la sévérité.

Suède (prince héritier de) : voir Bernadotte.
Tarente (duc de) : voir Macdonald.
Trévise (duc de) : voir Mortier.
Valmy (duc de) : voir Kellermann.

Victor (Claude Perrin, dit) : **2, 9, 10.**
Lamarche, 7 décembre 1764 - Paris, 1er mars 1841. Général

de brigade (1795), général de division (1797), maréchal de l'Empire (1807). Duc de Bellune (1808). Rallié à Louis XVIII en 1814, le suit pendant les Cent Jours . **Alain Pigeard :** dit « Beau-Soleil », « Belle-Lune », « Grippe-Lune ». Brave homme, bon et simple, mais esprit et talent militaire moyens.

Index des souverains, généraux et soldats

Index des autres noms de personne

Index des unités

Index des campagnes et des batailles

Crédits photographiques :
Couverture : Tallandier
1 : Giraudon, Giraudon, Tallandier. **2 :** Piollet, Lauros-Giraudon, TCD, Jean Vigne.
3 : Piollet, Giraudon, Tallandier.
4 : Piollet, Giraudon.
5 : Giraudon, Explorer, Tallandier.
6 : Tallandier, Piollet, RMN.
7 : Explorer, Explorer, Lauros-Giraudon.
8 : Piollet, Musée de l'Armée, Piollet.

Filmographie

par Alain Pigeard

Napoléon a inspiré les cinéastes. Parmi la production nous avons établi notre choix selon des critères historiques ce qui n'empêche pas d'avoir des coups de cœur.
Le cinéma muet et les années 1960-70 a fourni le plus de films sur l'aventure napoléonienne que nulle autre. L'aspect purement militaire, auquel nous nous attachons dans cette double page, est hélas la plus part du temps très maltraité par les réalisateurs, Il semble que metteurs en scène et producteurs ne savent pas qu'il existe des spécialistes de la chose militaire. Nous avons sélectionné les films traitant essentiellement des campagnes napoléoniennes. Une exception toutefois : le *Napoléon* réalisé par Abel Gance en 1925, et qui s'achève en 1796. A cela une raison : sa notoriété toujours intacte pour 70 ans après son tournage.

***Napoléon*, film d'Abel Gance (1925).**
Napoléon - ou plutôt Bonaparte - est joué par Albert Dieudonné ; atteint de paranoïa, il s'était identifié au personnage au point de lui consacrer plusieurs livres et de s'être fait enterrée dans l'uniforme du grand homme. Il en reste le plus remarquable interprète parce que, habité par Bonaparte, il lui a insufflé ce que l'on trouve rarement chez les autres acteurs : une passion romantique doublée d'un charisme exaltant.
Le film
Il a vieilli, comme tous les films muets, mais fait toujours l'admiration des cinéphiles. Son titre est trompeur, car c'est

surtout Bonaparte pendant la Révolution que l'on suit. Les uniformes sont corrects ; les imperfections étant cachées par le noir et le blanc.

***Napoléon*, film de Sacha Guitry (1954)**

Avec Raymond Pellegrin, Yves Montand, Pierre Brasseur.

Le rôle-titre est tenu (en seconde partie) par Raymond Pellegrin, assez proche physiquement de l'Empereur qui, tournoyant dans la « pléiade de vedettes » chère à Guitry, est assez convaincant dans quelques scènes. Somme toute un assez bon Napoléon.

Le film

Il vaut pour les petites histoires qui émaillent le film et les bons mots des stars déguisées. Les reconstitutions de batailles sont consternantes : comment pourrait-il en être autrement, sachant qu'elles ont été tournées toutes sur le même lieu, avec une topographie bien différente de celle de l'époque. Les uniformes sont de la plus haute fantaisie.

***Guerre et Paix*, film de King Vidor (1956)**

Avec Herbert Lom, Henry Fonda, Mel Ferrer.

Napoléon est joué par Herbert Lom : il est sec, tranchant, austère. Le Russe Koutouzov est, quant à lui, assez bien trempé.

Le film

Si les uniformes russes sont acceptables, ceux des Français sont carrément lamentables, avec des pseudo-carabiniers-cuirassiers qui chargent (en manteau ! On aura tout vu !) à la Moskowa. La seule attaque d'infanterie française est dispersée et notre infanterie de la Garde (qui n'a pas donné, d'ailleurs !) fuit en désordre... Propagande, quand tu nous tiens. En revanche, le passage de la Berezina est bien rendu, même si le gué de Studianka a une largeur démesurée ! Se regarde malgré tout avec plaisir : quelques belles scènes rustiques et de grands bals font oublier le reste.

Austerlitz, film d'Abel Gance (1960)

Avec Pierre Mondy, Jean Marais, Georges Marchal.

Napoléon est joué par Pierre Mondy, qui a la même corpulence que l'Empereur. La ressemblance s'arrête là.

Le film

Abel Gance n'a pas retrouvé (avec l'aide, hélas, de Roger Richebé) le souffle qui emportait son *Napoléon*. Sacrifiant à la mode du défilé de stars, il n'a pas réussi la reconstitution de la bataille : les maréchaux sont mal représentés ; en revanche, les Russes et les Autrichiens sont bons. Que dire de Michel Simon (65 ans !), sergent des grenadiers sorti tout droit des Invalides, qui conduit une attaque de la Garde impériale ? Un vrai cauchemar. Les uniformes sont à pleurer.

Waterloo, film de S. Bondartchuk (1970)

Avec Rod Steiger, Christopher Plummer, Orson Welles.

Rod Steiger, surprenant Napoléon, en fait de bonnes : fatigué, mal rasé - alors que l'Empereur était d'une propreté méticuleuse -, il se promène sur le champ de bataille, après une sieste auprès d'un moulin qui n'a jamais existé.

Le film

La réalisation de la bataille est bonne dans l'ensemble : magnifiques charges de cavalerie, des carrés anglais impressionnants de réalisme.

« Quelle faute j'ai commise en ne brûlant pas Berlin ! » On comprend ainsi la version officielle du KGB, qui accuse Napoléon d'avoir incendié Moscou.

Les uniformes sont très près de la vérité.

***Les Duellistes*, film de Ridley Scott (1977)**
Avec Keith Carradine, Harvey Keitel, Albert Finney.
Deux officiers français règlent une vieille querelle en duel pendant dix ans d'épopée napoléonienne. L'empereur n'est d'ailleurs pas représenté. On doit manifestement à cet Anglais le meilleur film sur cette épopée. Non seulement l'image est magnifique, les combats saisissants de réalisme (la retraite de Russie), mais la description des officiers français mérite aussi tous les éloges des spécialistes. Les uniformes (à part quelques broderies de généraux) sont de grande qualité. Un chef d'œuvre.

***Le Colonel Chabert*, film d'Y. Angelo (1994)**
Avec Gérard Depardieu, Fabrice Lucchini.
Le film
Cette deuxième version du roman de Balzac a été portée à l'écran après celle incarnée par l'admirable Raimu. Gérard Depardieu joue le colonel « mort à Eylau ».
Deux raisons pour inscrire ce film dans notre rétrospective :
- une charge de cavalerie impressionnante, avec le bruit des chevaux qui enfle démesurément, évoquant les Panzers de 1940.
- une vue brutale de ce que pouvait être un champ de bataille au lendemain de l'affrontement : l'horreur. Les corvées qui enterrent les morts, les fosses communes, le dépouillement des cadavres, la récupération des armes et des bottes.
Les uniformes sont bons, mis à part quelques grenadiers dans des tenues minables, qui gâchent le plaisir.

Bibliographie

Cette liste d'ouvrages est purement indicative, et se contente de fournir quelques pistes de lecture.

Généralités

Bertaud (Jean-Paul), *Histoire du Consulat et de l'Empire*, Perrin, 1992.

Bertaud (Jean-Paul), *Le Consulat et l'Empire : 1789-1815*, Armand Colin, 1989.

Jessenne (Jean-Pierre), *Révolution et Empire, 1783-1815*, Hachette Supérieur (coll. « Carré Histoire »), 1993.

Laurent (Jacques) et Varenne (Albéric), *Quand la France occupait l'Europe : 1793-1815*, Perrin, 1979.

Sutherland (D.), *Révolution et Contre-Révolution en France*, Seuil, 1991.

Tulard (Jean), dir., *Dictionnaire Napoléon*, Fayard, 1989, 2 volumes.

Tulard (Jean), *Le Premier Empire*, PUF, 1992.

Napoléon

Dufraisse (Roger), *Napoléon*, PUF (« Que sais-je ? »), 1991.

O'Meara (Barry E.), *Journal. Napoléon dans l'exil*, Fondation Napoléon, 1993, 2 volumes.

Stendhal, *Vie de Napoléon*, Climats, 1998.

Tulard (Jean) et Garros (Louis), *Itinéraire de Napoléon au jour le jour*, Tallandier, 1992.

Tulard (Jean), *Napoléon ou le mythe du sauveur*, Fayard, 1977.

Tulard (Jean), *Napoléon : le pouvoir, la nation, la légende*, LGF (Le Livre de poche, coll. « Références »), 1997.

Et aussi : Gallo (Max), *Napoléon*, Laffont, 1997, 4 volumes

(1 : *Le chant du départ*, 2 : *Le soleil d'Austerlitz*, 3 : *L'Empereur des rois*, 4 : *L'immortel de Sainte-Hélène*).

La Grande Armée et les guerres

Baqué (Jean-François), *Jomini, l'homme qui devinait Napoléon*, Perrin, 1994.

Bercé (Yves-Marie), *La Fin de l'Europe napoléonienne. 1814, la vacance du pouvoir*, Éd. Kronos, 1988.

Bourgogne (Adrien), *Mémoires du sergent Bourgogne*, présentation Gilles Lapouge, Arléa, 1992.

Chardigny (Louis), *Les Maréchaux de Napoléon*, Tallandier, 1977.

Clausewitz (Carl von), *De la Révolution à la Restauration. Écrits et lettres*, Gallimard, 1976.

Grèce (Michel de), *Quand Napoléon faisait trembler l'Europe*, Olivier Orban, 1978.

Kasbarian-Briscout (Béatrice), *L'Odyssée mamelouke. A l'ombre des armées napoléoniennes*, L'Harmattan, 1988.

Marbot (Général baron de), *Mémoires*, présentés et annotés par Jacques Garnier, Mercure de France, 1983.

Masson (Philippe), *Les Sépulcres flottants. Prisonniers français en Angleterre sous l'Empire*, Ouest-France, 1987.

Pellissier (Pierre) et Philipeau (Jérôme), *Les Grognards de Cabrera, 1809-1815*, Hachette, 1979.

Ricome (Jean-Baptiste), *Journal d'un grognard de l'Empire*, présenté et annoté par Jacques Garnier, préface de Jean Tulard, Presses du CNRS, 1988.

Woolf (Stuart), *Napoléon et la conquête de l'Europe*, Flammarion, 1990.

Zeller (André), *Soldats perdus. Des armées de Napoléon aux garnisons de Louis XVIII*, Perrin, 1987.

Campagnes d'Italie (1796-1797, 1800-1801)

Amiot (Yves), *La Fureur de vaincre. Campagne d'Italie (1796-1797)*, Flammarion, 1996.

Tranié (Jean) et Carmigniani (Juan Carlos), *Napoléon Bonaparte. 1re campagne d'Italie*, Pygmalion, 1990.

Tranié (Jean) et Carmigniani (Juan Carlos), *Napoléon Bonaparte. 2e campagne d'Italie*, Pygmalion, 1991.

Campagne d'Égypte (1798)

Laurens (Henri), dir., *L'Expédition d'Égypte*, Armand Colin, 1989.

Tranié (Jean) et Carmigniani (Juan Carlos), *Bonaparte. La campagne d'Égypte*, préface de Jean Tulard, Pygmalion, 1988.

Campagnes d'Allemagne et d'Autriche (1805-1807)

Clausewitz (Carl von), *Notes sur la Prusse dans sa grande catastrophe - 1806*, Champ Libre, 1976.

Houssaye (Henry), *Iéna et la campagne de 1806*, Giovanangeli Éditeur, 1991.

Tranié (Jean) et Carmigniani (Juan Carlos), *Napoléon et la Russie, 1805-1807*, Copernic, 1980.

Tranié (Jean) et Carmigniani (Juan Carlos), *Napoléon. 1806 - La campagne de Prusse*, Lavauzelle, 1984

Guerre d'Espagne (1808-1814)

Aymes (Jean-René), *La Déportation sous le Premier Empire. Les Espagnols en France, 1806-1814*, Publications de la Sorbonne, 1983.

Aymes (Jean-René), *La Guerre d'Indépendance espagnole (1808-1814)*, Bordas, 1973

Campagne d'Autriche (1809)

Tranié (Jean) et Carmigniani (Juan Carlos), *Napoléon et l'Autriche, 1809*, Copernic, 1979.

Tulard (Jean), *Napoléon. 12 octobre 1809*, Jean-Claude Lattès (coll. « Une journée particulière »), 1994.

Campagne de Russie (1812)

Castelot (André), *La Campagne de Russie : 1812*, Perrin, 1991.

Tranié (Jean) et Carmigniani (Juan Carlos), *Napoléon. 1812 - La campagne de Russie*, préface de Jean Tulard, Pygmalion, 1997.

Campagne d'Allemagne (1813)

Tranié (Jean) et Carmigniani (Juan Carlos), *Napoléon. 1813 - La campagne d'Allemagne*, préface de Jean Tulard, Pygmalion, 1995.

Campagne de France (1814)

Miquel (Pierre), *La Campagne de France ou les éclairs du génie*, Christian de Bartillat, 1991.

Tranié (Jean) et Carmigniani (Juan Carlos), *Napoléon. 1814 - La campagne de France,* Pygmalion, Pygmalion, 1989.

Clausewitz (Carl von), *Campagne de 1814*, Champ Libre, 1993.

Campagne de Belgique (1815)

Houssaye (Henry), *Waterloo : 1815*, Éd. Christian de Bartillat, 1987.

Clausewitz (Carl von), *Campagne de 1815*, Champ Libre, 1993.

Portraits

Bergerot (Bernard), *Daru, intendant général de la Grande Armée,* Tallandier, 1991.

Bergerot (Bernard), *Le Maréchal Suchet, duc d'Albufera. Un honnête homme sous les armes,* Tallandier, 1991.

Dupont (Marcel), *Murat*, Copernic, 1980.

Perrin (Éric), *Le Maréchal Ney,* Perrin, 1993.

Robert (Jacques-Henri), *Dictionnaire des diplomates de Napoléon*, préface de Maurice Schumann, Éd. Kronos, 1990.

Société et politique

Tulard (Jean), *La Vie quotidienne des Français sous Napoléon*, Hachette, 1978.

Tulard (Jean), *Napoléon et la noblesse d'Empire*, Tallandier, 1986.

La Fondation Napoléon (82, rue de Monceau, 75 008 Paris) possède un centre de documentation. Elle a récemment ouvert un site sur Internet (http ://www.napoleon.org), qui renvoie lui-même à d'autres sites, notamment anglo-saxons.

Index des auteurs

Amiot (Yves) : auteur de plusieurs ouvrages, il a publié notamment : *La Fureur de vaincre. Campagne d'Italie (1796-1797)* (Flammarion, 1997).

Bennassar (Bartolomé) : historien, spécialiste de l'Espagne, il a publié une dizaine d'ouvrages sur ce thème, dont son *Histoire des Espagnols* en 2 volumes (Armand Colin, 1985 ; rééd. Laffont, coll. « Bouquins », 1992) et une biographie de *Francoi* (Perrin, 1995).

Benoît (Jérémie) : conservateur au musée national des châteaux de Malmaison et Bois-Préau.

Bernède (Allain) : officier breveté, docteur en histoire, il est professeur à la Direction de l'enseignement militaire supérieur de l'armée de terre. Il a particulièrement travaillé sur la « Bataille des Nations » et a publié *Fleurus, 1794* (Cénomane, 1994).

Castelot (André) : historien et écrivain, il a consacré plusieurs ouvrages au Premier Empire dont *La Campagne de Russie : 1812* (Perrin, 1991), et, plus récemment, *Napoléon et les femmes* (Perrin, 1998).

Châtenet (Aymar du) : journaliste, collaborateur d'*Historia*.

Châtenet (Madeleine du) : historienne de la Marine, elle a participé récemment au colloque sur le tricentenaire de la marine russe. Elle a publié *Ivan de Traversay* (Tallandier, 1996).

Chevènement (Jean-Pierre) : « On raillait ses envolées cocardières, sa Marseillaise, sa filiation intellectuelle mutuellement assumée avec Michel Debré, et ce curieux bolcho-bonapartisme dont il a déposé le brevet en entrant en politique », écrivait Le Monde dans un grand portrait de Jean-Pierre Chevènement. Celui-ci venait de démissionner de son poste de ministre de la Défense en pleine guerre du Golfe. Ce n'était pas le moindre des paradoxes de ce per-

sonnage qui n'aime tant rien que de sortir des chemins battus. Ministre de l'Intérieur, longtemps député-maire de Belfort, ce socialiste atypique a publié *France-Allemagne, parlons franc* (Plon, 1996).

Garnier (Jacques) : spécialiste de l'Empire, il a apporté une importante collaboration au *Dictionnaire Napoléon* dirigé par Jean Tulard (Fayard, 1989, 2 vol.). Il a édité deux textes essentiels, les *Mémoires* du général de Marbot (Mercure de France, 1983) et le *Journal d'un grognard de l'Empire* (CNRS, 1988).

Gombert (Régis) : historien, docteur de l'université de Franche-Comté.

Henninger (Laurent) : chercheur en histoire militaire, il dirige un séminaire de recherche sur la « nouvelle-histoire-bataille » au Centre d'études d'histoire de la défense, situé au château de Vincennes.

Lacaze (Jeannou) : « Lacaze est certainement l'un des hommes au monde à connaître le mieux la «stratégie globale», c'est-à-dire la conduite classique des conflits, comme les multiples facettes de l'action qui permet de les prévenir », disait l'un des supérieurs du général Jeannou Lacaze, aujourd'hui soldat à la retraite mais homme politique actif (président de l'Union des indépendants). Né au Vietnam, il y a soixante dix ans, le « Sphinx » a acquis son expérience dans un parcours militaire très éclectique passant de la Légion aux paras, du renseignement au poste suprême de chef d'état-major des armées. Pour le militaire qu'il fut, Napoléon reste l'auteur d'un grand rêve inachevé.

Lemaire (Jean-François) : spécialiste d'histoire de la médecine, il enseigne à l'École pratique des Hautes Études. Il est l'auteur de *Napoléon et la médecine* (François Bourin, 1992) et d'une biographie du chirurgien impérial *Coste* (Stock, 1997).

Luxardo (Hervé) : enseignant d'histoire et auteur d'une quinzaine d'ouvrages historiques. Il a notamment publié

une *Vie privée des hommes au temps de la Révolution française* (Hachette, 1987), une *Histoire de la Marseillaise de 1792 à nos jours* (Christian de Bartillat, 1990), et une *Histoire de France pour les 7-8 ans* (Larousse),en collaboration avec le dessinateur Pierre Probst.
Masson (Philippe) : ancien chef de la Section historique du Service historique de la Marine, ce spécialiste d'histoire militaire a publié notamment . Il a écrit notamment *Une guerre totale* (Tallandier, 1990) et surtout une enquête et un album sur *Le Titanic* (Tallandier, 1997).
Miquel (Pierre) : universitaire, historien et écrivain, il est connu comme spécialiste de la Grande Guerre. Il a publié chez Tallandier *Clemenceau* (1996), *La Grande Guerre : une histoire illustrée* (Tallandier, 1998). Il prÈpare actuellement deux livres sur la victoire de 1918. C'est également un passionné de l'histoire napoléonienne, possesseur d'une impressionnante collection de soldats en plomb.
Pigeard (Alain) : a publié *l'Armée napoléonienne* (Éd. Curandera). Sa thèse de doctorat en droit portait sur la loi Jourdan-Delbrel.
Tulard (Jean) : éminent historien de l'Empire, membre de l'Institut, il a notamment dirigé la rédaction du *Dictionnaire Napoléon* (Fayard, 1987). Ses ouvrages sur l'Empire ne se comptent pas. Citons le plus récent : *Napoléon : le pouvoir, la nation, la légende* (LGF, 1997). Voir la bibliographie.

Napoléon et l'Allemagne 1806 - Tranié & Carmigniani - Lavauzelle, 1984, Paris.
Histoire de la guerre de la péninsule (tome 1er) - W.P.F. Napier - Champs Libre, 1983, Paris.
Napoléon et l'Autriche 1809 - Tranié & Carmigniani - Copernic, 1979, Paris.
Armies on the Danube 1809 - Scott Bowden - Emperor's press, 1980, Chicago.
La Campagne de Russie 1812 - E. Tarlé - Gallimard, 1941, Paris.

La Campagne de Russie - De Ségur - Nelson Editeurs, Paris.

La Campagne de Russie 1812 - Castelot - Perrin, 1991, Paris.

Valmy, 1ère victoire de la nation - Jean-Pierre Perrin - Grancher éditeur, 1989, Bordeaux.

The Campaing of 1812 in Russia - Clausewitz - Greenhill Books, 1992, Londres.

1812 Le duel des deux empereurs - Curtis Cate - Laffont, 1987, Paris.

The Battle of Vitoria - JMO De Orruurtis Cate - Laffont, 1987, Paris.

ndres., Bo 1812, la campagne de Russie - Tranié & carmigniani - Pygmalion, 1997, Paris.

1813, la campagne d'Allemagne - Tranié & carmigniani - Pygmalion, 1987, Paris.

1814, la campagne de France - Tranié & Carmigniani - Pygmalion, 1989, Paris.

La campagne de France 1814 - De Ségur - Famot,1974, Genève.

Campagne de 1814 - Clausewitz - Champ Libre, 1993, Paris.

1814 - Henry Houssaye - Perrin, 31ème édition,1899, Paris.

Campagne de 1815 - Clausewitz - Champ Libre, 1993, Paris.

Les Cent Jours - Georges Blond - Presse Pocket, 1986, Paris.

Waterloo, l'évitable défaite - Jacques Logie - Duculot, 1989, Gembloux.

Waterloo 1815 - Geocart - Sint Niklaas.

La Campagne de 1815 en Belgique - H. Bornard - Imprimerie Médicale et Scientifique de Bruxelles, 1954, Bruxelles.

Waterloo - Lachouque - Lavauzelle, 1985, Paris.

Impression : Bussière S.A., Saint-Amand (Cher). — N° 1067.
Dépôt légal : mai 1998. — N° d'édit. : 2818.

ISBN : 2-235-02182-4

Imprimé en France